Die faszinierende Welt der

Ritter

CHARLES PHILLIPS

Die faszinierende Welt der Ritter

Berater: Dr. Craig Taylor

tosa

Die Originalausgabe mit dem Titel
The complete illustrated History of Knights & the Golden Age of Chivalry
ist 2008 im Verlag Hermes House, einem Imprint von Anness Publishing Ltd, London, erschienen

Verlegerin: Joanna Lorenz
Lektoratsleiterin: Helen Sudell
Projektleiterin: Joanne Rippin
Illustrator: Simon Smith
Gestalter: Nigel Partridge
Korrektorin: Barbara Toft
Hersteller: Don Campaniello

Übersetzung aus dem Englischen: Annerose Sieck
Lektorat und Satz: Redaktionsbüro Sieck
Covergestaltung: Joseph Koó mit Bildern aus dem Innenteil
Printed in Italy

www.tosa-verlag.com

DANKSAGUNG
Art Archive: 1, 2, 3, 14, 7o, 11u, 13, 14, 16, 18o, 18u, 19o, 19u. 20o, 20u, 21o, 21u, 22, 23, 23u, 24, 25l, 25r, 26o, 26u, 27u, 28, 32, 33o, 33u, 34o, 36, 38, 39ul, 39ur, 40o, 43ol, 44, 45o, 47u, 54o, 61ol, 61or, 62, 64u, 66, 73o, 75o, 77u, 82, 85o, 88, 90o, 90u, 91o, 91u, 93, 94, 95u, 95o, 97, 98u, 100u, 101, 102o, 103o, 110o, 110u, 111o, 112o, 112u, 115, 116 o, 116u, 117o, 117u, 118o, 119u, 121o, 122o.

AKG: 5, 7u, 10u, 15, 17, 27, 29, 30u, 34u, 35o, 35u, 39o, 40u, 41o, 41u, 43or, 43u, 47o, 55o, 58, 61u, 53o, 67, 69, 73u, 75u, 79o, 79u, 80, 81, 89, 92, 98o, 100o, 102, 103u, 108o, 119o, 122u.

Bridgeman Art Library: 6, 8o, 8u, 9o, 9u, 10o, 11o, 12, 30ul, 30o, 31, 42u, 42o, 45u, 46, 48u, 49u, 50, 51o, 52& 5, 60, 54u, 56o, 57o, 59ol, 59or & 53, 59u, 63u, 64o, 65, 68 & 5, 72, 74o, 76o, 76u, 77o, 80u, 83ul, 84u, 84o, 86o, 86u, 87u, 96, 99o, 104u, 105o, 106, 107o, 107u, 111u, 113o, 113u, 114, 120o, 121u, 123o, 123u, 124, 125or, 125ol.

istock images: 31, 37, 49o, 56, 74, 78, 83, 104, 105.

 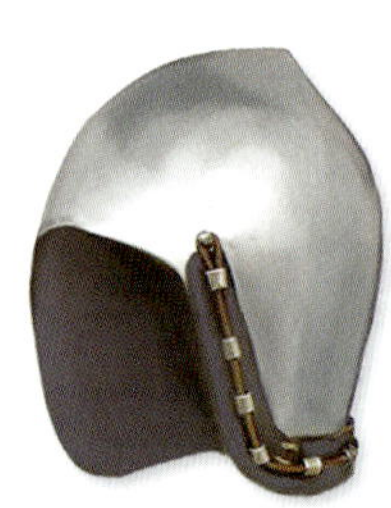

INHALT

EINFÜHRUNG

In der Schlacht von Crécy im August 1346 bekleckerte sich Eduard Prinz von Wales, der 15-jährige und gerade zum Ritter geschlagene Sohn König Eduard III. von England, selbst mit Ruhm, als er der englischen Armee zum berühmten Sieg über die dreimal so starken Franzosen verhalf. Eines der rund 30.000 Todesopfer in der französischen Armee war König Johann von Böhmen, eine der schillerndsten Figuren der europäischen Ritterschaft im 14. Jh. Er hatte darauf bestanden, sich ins dichte Schlachtgetümmel zu stürzen, obwohl er praktisch blind war. Man fand seinen Körper umgeben von denen seiner Männer am nächsten Tag auf dem Schlachtfeld. Seine Männer hatten sich mit den Zügeln des Zaumzeugs aneinandergebunden, um nicht abseits des Konflikts in die Mêlée gezogen zu werden. Nach der Schlacht zollte Prinz Eduard (als *Schwarzer Prinz* bekannt, da er in schwarzer Rüstung kämpfte) König Johann Anerkennung, indem er dessen persönliches Wappen, eine Straußenfeder, und seinen Wahlspruch „Ich dien" übernahm. Die adaptierten Formen von Wappen und Wahlspruch sind bis heute die des Prinzen von Wales.

König Eduard kehrte im Oktober 1347 nach England zurück, nachdem er Calais belagert, eingenommen und eine Waffenruhe ausgehandelt hatte. Gemeinsam mit dem Prinzen Eduard feierte er Weihnachten in Guildford, danach nahm er 1348 an mehreren Ritterturnieren teil. In Windsor gründete der König den Hochedlen Orden vom Hosenbande, den er der Jungfrau Maria und dem heiligen Georg weihte. Der Orden war König Artus' legendärer Tafelrunde nachempfunden. Die Gründungsmitglieder des Hosenbandordens waren vor allem Veteranen von Crécy und Kameraden und Turniergegner von König Eduard und dem Schwarzen Prinzen. Später erklärte eine Geschichte den Ursprung des Ordens-Abzeichens (Strumpfband) und des Wahlspruchs *Honi soit qui mal y pense* (Schande über den, der Schlechtes dabei denkt) damit, dass alles aus einem Akt der Galanterie heraus entstanden war. Der König soll das Strumpfband, das vom Bein seiner Geliebten, der Komtess von Salisbury, gerutscht war, aufgenommen und sich selbst über ein Bein gezogen und dabei diesen Wahlspruch gesagt haben.

RITTERROMANTIK

Diese Folge von Ereignissen – von der Schlacht von Crécy bis zur Gründung des Hosenbandordens – fängt einen großen Teil der mittelalterlichen Ritterromantik ein und umfasst viele Glamour-Aspekte des Ritterlebens: den Triumph in einer ersten Schlacht – was oft als „Sporen verdienen" bezeichnet wird; König Johanns Schicksal, Ruhm als Krieger zu ernten; die treue Ergebenheit seiner Männer bis in den Tod; den Edelmut des Schwarzen Prinzen im Sieg; die Belagerung und Einnahme einer fremden Stadt; Lanzenstechen in Turnieren, bevor man am Hof den feinen Damen die Bewunderung aussprach; die Gründung eines Ritterordens in Anlehnung an die Legenden von König Artur und die Ritter der Tafelrunde, aber auch als Zeichen einer religiösen Verehrung der Jungfrau Maria und des heiligen Georgs; und die Galanterie des Ritters, hier die König Eduards, den Damen gegenüber. Trotzdem ist dies nur eine Seite des mitteralterlichen Rittertums, das im Verlauf von 500 Jahren unterschiedliche Ausprägungen zeigte.

VERÄNDERUNGEN

Als der zukünftige Schwarze Prinz im August 1346 in Crécy in seiner Eigenschaft

◀ *Schlacht von Crécy. Einem Bericht zufolge wurde Prinz Eduard in der Mêlée in die Knie gezwungen und nur durch die Gefangennahme von Sir Richard Fitzsimon gerettet.*

als Ritter Ruhm und Ehre verdiente, war es 247 Jahre her, dass die europäischen Ritter des 1. Kreuzzuges 1099 Jerusalem von den Muslimen zurückerobert hatten. Das frühe Ereignis wurde von Kirchenleuten im Westen als Triumph gefeiert, obwohl der Eroberung ein schreckliches Gemetzel unter den Verteidigern der Stadt folgte. Aus den Kreuzrittern, die erfolgreich an diesem Abenteuer im Heiligen Land teilgenommen hatten, entwickelte sich im Laufe der Jahrhunderte die Perfektion des Rittertums.

1346 waren die Ritter des Kreuzzugs für die Kämpfenden in Crécy eine Inspiration, aber das Verständnis eines Kreuzritters vom Rittertum war nicht dasselbe, das der Schwarze Prinz oder Eduard III. bzw. deren Nachfolger vertraten. Zum einen war für viele Ritter des 1. Kreuzzugs der religiöse Glaube wichtigstes Motiv. Sie kämpften in einer internationalen Christenarmee, um das Heilige Land von den Muslimen zu befreien. Die Ritter in Crécy kämpften in einer nationalen Armee oder in einer Allianz. Dies taten sie für den König. Andererseits war die Idee der höfischen Liebe, die sich im 12. Jh. im Gefolge der Artus-Turniere König Eduards III. und des Schwarzen Prinzen entwickelte, Kreuzrittern fremd.

Historiker neigen dazu, die mittelalterliche Institution des Rittertums so zu behandeln, als hätte sich diese seit ihrer Entwicklung unter den Normannen in England in der 2. Hälfte des 11. Jh. bis zum Niedergang des Rittertums nicht verändert. Es muss betont werden, dass das Rittertum und das Verständnis der Ritter von ihrer eigenen Rolle sich vom 11. bis zur Mitte des 14. Jh. maßgeblich veränderte; und in den folgenden 200 bis 250 Jahren geschah dies noch einmal. Das Verständnis Eduards III. war ein anderes als das des blumigen Rittertums im späten 16. und frühen 17. Jh. Insgesamt betrachtet wurde das Rittertum exklusiver: einst eine Bruderschaft von Kriegern, aus denen bedeutende martialische Gestalten hervorgehen konnten, wurde es später mit einem vererbten Rang assoziiert und zunehmend beschränkt auf die Abkömmlinge eines Ritters.

▲ *Unter der Herrschaft von Eduard III. von England (links) war der Kult des heiligen Georg als Patron der Ritter etabliert. Georg war eigentlich ein Heiliger der Orthodoxen.*

▼ *Eduard III. ernannte Georg zum Patron des Hosenbandordens. Die Illustration aus dem 15. Jh. zeigt die Ritter des Hosenbandordens bei der Verehrung ihres Heiligen.*

WAS WAR EIN RITTER?

Ursprünglich war der Ritter ein bewaffneter Krieger. Das Wort für Ritter im Französischen (*chevalier*), Spanischen (*caballero*) und im Deutschen meint in jedem Fall „Reiter". Der Ritter stand mit seinen Waffen (meist Lanze und Schwert) und seinem Pferd in einem quasi religiösen Verhältnis. In ritterlichen Chansons, Liedern und Romanen, aus denen wir vieles über die ritterliche Kriegsführung erfahren, hatte

▲ *Ein Porträt des Ordenritters Philip Hinckaert – dargestellt mit Apostel Philippus und Jungfrau Maria mit Kind – zeigt, wie wichtig die religiöse Hingabe dem Ritter war.*

RITTER IM DIENST

Das englische Wort für Ritter *knight* leitet sich vom angelsächsischen *cniht* ab, was soviel wie Diener oder junger Mann bedeutet. Und Dienst war ein Schlüsselelement in der mittelalterlichen Institution Rittertum. Als Ritterlehen bezeichnete man im feudalen System das Ländereien-Arrangement; Ritter hatten das Recht, Land als Lehen vom Feudalherrn zu erhalten, im Gegenzug dienten sie ihm als bewaffnete Soldaten – in der Regel 40 Tage im Jahr. Ritter stellten diese militärische Leistung ihrem *suzerain* (dem Höchsten im Feudalsystem) oder dem König zur Verfügung, dem – zumindest anfangs – das Land letztendlich gehörte.

Mit der Entwicklung der sozialen und religiösen Institution des Rittertums rückten bei den Ritterlehen andere Aspekte in den Vordergrund: der Dienst an Christus und der Kampf für den Glauben; der König Artur sein verehrtes Schwert *Excalibur*, und Roland (führender Ritter des Frankenkönigs Karl der Große) kämpfte mit einer prächtigen Waffe namens *Durandel*. Der Chansonheld Renaud von Montauban besaß sein berühmtes, magisches Pferd *Bayard*, das sich größer oder kleiner machen und damit der Größe der Reiter anpassen konnte, und der spanische Befehlshaber Don Rodrigo Diaz de Vivar (*El Cid*) verfügte über das Ross *Bavieca*, das sich nach El Cids Tod weigerte, einen anderen Reiter aufsitzen zu lassen.

Die Ritter jedoch, die als „Soldaten Christi“ zu einem Kreuzzug in das Heilige Land aufbrachen und diejenigen, die in den Turnieranlagen an Lanzenstechen teilnahmen, um die Gunst ihrer Damen zu gewinnen, waren weit mehr als bewaffnete Krieger. Sicher bewiesen sie Tapferkeit und Courage und Können in einer Schlacht (oder auf Ritterturnieren). Aber sie strebten auch nach anderen Werten wie dem christlichen Glauben, Zuvorkommenheit, Freigebigkeit, Loyalität und Mäßigung, Werten, die mit einer sozialen und religiösen Welt in Verbindung gebracht wurden und nicht mit dem Sattel.

▼ *Ritter bezogen ihre Inspiration von Roland, der bis zum Ende kämpfte, damit sein Schwert Durandel nicht in die Hände der Sarazenen gelangte.*

Dienst an Schwachen und Verletzbaren und der unermüdliche Einsatz für den Frieden; der Dienst an der Ritterdame, indem der Ritter Schlachten oder Turniere gewann oder sich auf eine „Reise der Herausforderungen" begab.

RITTEREIGENSCHAFTEN

Die mittelalterliche Ritterhingabe, Dienste zu leisten, und ethische sowie spirituelle Aspekte des Ritterkodex unterschieden ihn von den bewaffneten Soldaten früherer Zeit. Der mittelalterliche Ritter hatte Vorläufer in der aristokratischen Elite der *Hetairois* (Gefährten), die im 4. vorchristlichen Jh. mit Speer und Schwert an der Seite des Mazedonenkönigs und Generals Alexander der Große ritt. Es gab ebenso Vorgänger in der Reiterschaft des Partherreiches und Römischen Imperiums, und in den bewaffneten Soldaten der großen Frankenkönige Karl Martell und Karl der Große.

▲ *Sir Galahad, Ritter der Artus-Sage, war mehr ein spiritueller denn ein blutdürstiger Kämpfer. Im Gral-Zyklus wird Galahad als rein und unschuldig beschrieben.*

▼ *In der Legende ist Richard Löwenherz der grausame Ritter. Er soll die Sarazenen nicht nur getötet, sondern sie auch verspeist haben.*

Doch diese mazedonischen, römischen oder fränkischen Krieger waren keine Ritter im Sinne des englischen Ritters Sir John Chandos, der Mitte des 14. Jh. in den Chroniken Froissarts als überaus diplomatischer und martialischer Geist gerühmt wurde und zu den freigiebigsten seiner Zeit gehört haben soll. Sie waren auch nicht vergleichbar mit den Rittern im 15. und 16. Jh.: dem französischen Ritter Pierre de Terrail, Seigneur de Bayard, der bekannt für seine makellose Ehre und sorglose Art war und *Le chevalier sans peur et sans reproche* (Ritter ohne Angst und Tadel) genannt wurde. Und sie hatten nichts gemein mit den großen Rittern in der Literatur, etwa *Roland*, oder den Gestalten der Tradition Arturs, etwa Lancelot oder Parzival.

RITTERLICHE INSPIRATION

Literarische Darstellungen ritterlicher Tugenden waren für die Entwicklung der Ritterwürde essenziell. Bedeutende Leistungen wurden von Dichtern und Chronisten aufgenommen und dienten als Inspiration für weitere große, ritterliche Taten. Der spanische Gesetzeskodex *Las Siete Partidas*, der Mitte des 13. Jh. von Alfons dem Weisen von Kastilien verkündet wurde, erklärte, dass „Berichte von tapferen Heldentaten den Rittern während des Essens vorgetragen werden sollen, um diese zu weiteren großartigen Rittertaten anzustacheln".

In Chroniken, Ritterbiografien, Gedichten oder Romanen erweiterten die Verfasser das Spektrum und stellten historische Figuren vor. Etwa den französischen Ritter Godfrey von Bouillon, einer der Anführer des 1. Kreuzzugs von 1095–1099 und der erste „Verteidiger des heiligen Grabs"; oder den Engländer Sir William Marshall, ein beispielloser Turnierkämpfer im 12. und 13. Jh., den man für den größten Ritter aller Zeiten hält; oder König Richard I. von England, bekannt als Richard Löwenherz, der für sein Taten während des 3. Kreuzzugs 1189–1192 gefeiert wurde; oder Jean le Meingre, der große französische General des Hundertjährigen Krieges, der auch Boucicaut genannt wurde. Altertümliche Gestalten aus der Bibel und der klassischen

◀ *Sir Lancelot, auf dem Bild nimmt er die Burg Dolorous Garde ein, hatte die Eigenschaften des idealen Ritters; sein Ehebruch mit Guinevere war ein schwerer Fehler.*

▼ *Bertrand du Guesclin, französischer Ritter, war berühmt dafür, dass er trotz bescheidener Herkunft ein hohes Amt erreichte.*

Welt, Kämpfer wie der jüdische Freiheitsheld Judas Maccabeus, Hektor von Troja oder Julius Cäsar wurden als Ritter aus der Versenkung geholt und als Beispiele für mittelalterliche Kämpfer vorgeführt. Andere wichtige legendäre Gestalten wie Roland, den germansichen Krieger Siegfried, die britischen Helden König Artur oder Guy von Warwick wurden gleichermaßen als Protagonisten für Herzensangelegenheiten am Hof, als Helden in Turnieren oder auf dem Schlachtfeld, ja selbst als „Soldaten Christi" herangezogen. Die Ritter des Mittelalters lauschten diesen Geschichten – und waren motiviert.

Literarische Gestalten wie der französische Dichter und Romanschreiber Chrétien de Troyes (12. Jh.), Verfasser der fünf *Artus*-Romane und der Schreiber, der Sir Lancelot in den Kreis einführte, spielten Schlüsselrollen, wenn es darum ging, allgemeine Vorstellungen der Ritterschaft zu formulieren. Die wichtigsten Mäzene für Chrétien de Troyes und viele andere Dichter waren Feudalherren, etwa Heinrich I., Graf von Champagne (der Ehemann von Marie de Champagne und Schwiegersohn von Eleanore von Aquitanien) und Philip, Graf von Flandern. Diese mächtigen Herrscher förderten nicht nur die Künste, sondern unterstützten auch die ritterlichen Turniere.

Ritterliteratur und Turnierwesen entwickelten sich Seite an Seite an adligen Höfen. Dort hörten die von den Anstrengungen des Lanzenstechens völlig ausgepowerten Ritter am Abend den Geschichten zu. Die Zuhörer waren begeistert von den Erzählungen; egal ob es sich um den Hof Arturs, das Heilige Land und die Kreuzritter, die klassische Welt Alexander des Großen, Hektor von Troja oder die Schlachten gegen die Sarazenenhorden handelte, die Karl der Große und seine Ritter bekämpfte.

Ein weiterer Förderer war Arnold, Feudalherr in Ardres in Nordfrankreich (dort, wo sich 1520 König Heinrich VIII. von England und König Franz I. von Frankreich zu einem diplomatischen Gespräch trafen – „das Feld des goldenen Tuches"). Arnold war bekannt dafür, dass er Dichter beauftragte, spezielle Dinge zu schreiben, etwa über König Artur, die Kreuzzüge und die Ritter Karls des Großen.

„TREU UND REIN"

Derartige literarische Darstellungen hoben Heldentaten nicht nur als Anreiz für turnierende Ritter hervor, sondern priesen viele andere freundlichere Eigenschaften, die für Ritter schicklich waren. Die Ritterbiografie von Boucicaut etwa betonte neben seinen militärischen Leistungen auch seinen religiösen Glauben, seine Weisheit und seine Großzügigkeit. Im Heiligen-Gral-Zyklus der *Artus*-Romane, der von Zisterziensermönchen und dem Mystizismus eines Bernhard von Clairvaux beeinflusst war, wurde der Gralsritter Sir Galahad für seine demütigen, christlich-ähnlichen Eigenschaften Unschuld und Reinheit gerühmt. Er soll ein Abkömmling des Bibelhelden König David gewesen sein.

▲ *In Turnieren bewiesen Ritter ihre Fertigkeiten vor Höflingen. Erst kämpften sie mit Lanzen, dann mit Schwertern.*

▼ *Die ersten Artilleriekanonen waren schwer zu laden und trafen nicht genau, hatten aber einen verheerenden Effekt auf die Gegner.*

Im 14. Jh. zeichnete der englische Dichter Geoffrey Chaucer im Prolog zu den *Canterbury Tales* ein Porträt eines „treuen und reinen“ Ritters. Chaucer diente als Knappe (ein junger Mann, der zum Ritter ausgebildet wird) für den großartigen, königlichen Mäzen des Rittertums, König Eduard III. von England, und er kämpfte im Hundertjährigen Krieg 1359–1360 in Frankreich, wo er unweit des Rheins gefangengenommen wurde.

Bei seinem Ritter finden wir Schlüsseleigenschaften aus dem Ritterkodex. Chaucers Ritterfigur liebte vom ersten Tag an, als er als Ritter ausritt „Ritterlichkeit, Wahrheit und Ehre, Freiheit und Zuvorkommenheit“. Er war, so der Dichter, weit für seinen Herrn geritten, in „Christenland“ und „Himmelsland“. Die Erzählung listet Kriegsschauplätze auf, an denen er gewesen war, Preußen und Litauen (wo westeuropäische Ritter Kreuzzüge gegen Heiden unternahmen), Granada, Nordafrika. Er nahm dreimal in Tlemcen (Algerien) am Lanzenstechen teil – „für unseren Glauben“. Jedes Mal tötete er seinen Gegner. Er war ein ausgezeichneter Ritter, der bescheiden blieb und nie schlecht über andere sprach.

RITTER-RENAISSANCE

Chaucers Ritter stand bald vor neuen und nahezu unüberbrückbaren Herausforderungen. Mit Beginn des 14. Jh. änderte der zunehmende Einsatz von Artilleriekanonen und die Entstehung des professionellen Soldatenberufes das Gesicht des Krieges. Der Ritter in einer Schlacht kam aus der Mode. Diese Entwicklungen waren gepaart mit sozialen Veränderungen, die das Ende der Feudalgesellschaften einleiteten, in denen das Rittertum sich entfaltet hatte. Doch als Symbol, als literarische Figur oder als Heldenidol hatte der Ritter weiterhin Bestand. In der andauernden Beliebtheit von Ritterromanen und insbesondere der der Artur-Tradition, überlebte der Ritter als inspirierende Gestalt für Menschlichkeit, als Verkörperung edler Tugenden der Tapferkeit, Charakterstärke und schlichter Spiritualität.

DATEN UND FAKTEN

732 n. Chr. In der Schlacht von Poitiers (Tours), Westfrankreich, besiegen die Franken unter Karl Martell die muslimischen Araber des Umayyaden-Kalifats in Spanien; es folgten muslimische Überfälle nordwärts nach Frankreich.

768–814 Karl der Große regiert als König der Franken. Später wird er als bedeutender christlicher König und als ein Beispiel für ritterliche Werte gefeiert.

778 Die Franken unter Karl dem Großen werden von muslimischen oder baskischen Räubern in einem Gefecht am Pass von Roncesvalles in den Pyrenäen besiegt; Karls Ritter Roland stirbt dabei.

842 „Kriegspiele" in Straßburg sind die Vorläufer der Turniere; gefeiert wird die Allianz der Enkel Karls des Großen, Ludwig der Deutsche und Karl der Kahle.

911 Wikingeranführer Rollo oder Robert bekommt von König Karl II. Land in Westfrankreich; seine Nachfolger, die Normannen, etablieren eine frühe Form des Rittertums und eine Feudalgesellschaft in der Normandie.

955 König Otto I. besiegt die Madjaren in der Schlacht von Augsburg; der Sieg gilt als Triumph der christlichen Ritter.

1066 Normannen überfallen England und besiegen König Harald in der Schlacht von Hastings; William, Herzog der Normandie, wird König Wilhelm I. von England und führt Feudalgesellschaft und normannisches Rittertum ein.

1095 Papst Urban II. ruft die Ritter der Christenheit auf, Jerusalem von Muslimen zu befreien und löst den 1. Kreuzzug aus.

1100–1135 Seit Heinrich I. von England setzen Könige bezahlte Soldaten und Ritter ein, die Feudaldienst leisten.

1129 Auf dem Konzil von Troyes erhält die militärische Bruderschaft des Templerordens eine feste Regel.

1130 Papst Innozenz II. bannt Turniere.

ca. 1130 „Das Rolandslied", das früheste der französischen Epik (*chansons de geste*), wird aufgeschrieben.

▲ *Schlachtszene vor den Toren Jerusalems.*

1135–1139 Die *Geschichte der Könige Britanniens* von Geoffrey von Monmouth etabliert die Artuslegende. Arthur wurde in walisischen Gedichten bereits im 6. Jh. gefeiert.

1139 Papst Innozenz II. verdammt in Rom die „tödliche Kunst von Armbrust- und Bogenschützen", eine Kunst, „die Gott hasst".

1140 Roger II., Normannenkönig von Sizilien, verbietet den Ritterschlag von Personen, die den Frieden stören könnten.

1142 Das spanische *Lied für El Cid* wird aufgeschrieben, mündlich weitergegeben wurde es schon Jahrzehnte zuvor.

1147 Truppen des 2. Kreuzzuges machen Stopp in Portugal und reißen Lissabon aus muslimischer Hand.

1147–1149 2. Kreuzzug wird Misserfolg.

1152 Ein deutscher Erlass schließt Bauern vom Rittertstand aus.

ca. 1160 Benoit de Sainte-Maure schreibt den Trojaroman und führt damit gleichzeitig die florierende Gattung des antikisierenden Romans ein.

ca. 1160 Der französische Roman *Floire et Blancheflor* erzählt die Liebesgeschichte zwischen einem Sarazenenritter und einer christlichen Dame.

1170–1191 Der französische Dichter Chrétien de Troyes schreibt fünf höfische Versromane, die den Charakter von Sir Parzival und das Thema der Suche nach dem Heiligen Gral einführen.

1186 Friedrich I., Kaiser des Heiligen Römischen Reiches, verbietet den Söhnen von Bauern und Priestern den Zugang zum Ritterstand.

1189–1192 3. Kreuzzug. Auch bekannt als der Königskreuzzug: die Könige Richard I. von England, Philipp II. von Frankreich und Frederick I., Kaiser des Heiligen Römischen Reiches, nehmen daran teil.

1194 König Richard I. von England widersetzt sich dem Papstbann und führt ein Lizenssystem ein, unter dem in England legal Turniere abgehalten werden können.

ca. 1200 Das große deutsche Epos *Das Niebelungenlied* wird geschrieben.

ca. 1200–1220 Der deutsche Dichter Wolfram von Eschenbach schreibt in Anlehnung an Sir Parzival sein Meisterwerk *Parzival*.

1202–1204 Im 4. Kreuzzug werden Ungarn und Konstantinopel angegriffen.

1209–1229 Die katholische Kirche kämpft im Albigenser-Kreuzzug gegen häretische Katharer in Okzitanien (Südfrankreich).

1212 Kinderkreuzzug. Eine Minderheit erreicht das Heilige Land.

ca. 1215 Der Dichter Gottfried von Straßburg schreibt *Tristan und Isolde*, eine Version der Geschichte des Artur-Ritters Tristan und der irischen Prinzessin Iseult.

1217–1221 Der 5. Kreuzzug gilt dem muslimischen Ägypten, endet aber mit einer Niederlage.

1223 John von Ibelin, Feudalherr in Beirut, Zypern, veranstaltet ein Turnier, bei dem die Ritter als Teil der Artusrunde agieren.

ca. 1225 Das französische Gedicht *Der Ritterorden* beschreibt eine idealisierte Zeremonie des Ritterschlags.

ca. 1225 Das Gedicht *The History of William Marshal* feiert einen bedeutenden englischen Ritter (1146–1219).

1228–1229 Mehr durch Diplomatie als durch Kampf gewinnt Frederick II., Kaiser des Heiligen Römischen Reiches, Jerusalem, Nazareth und Bethlehem im Verlauf des 6. Kreuzzuges.

1235 Die *Cortes von Katalonien* legt fest, dass nur der Sohn eines Ritters zum Ritter geschlagen werden kann.

1248–1254 Der 7. Kreuzzug, der von Ludwig IX. von Frankreich angeführt wird, gilt Ägypten.

Ca. 1250 Der anglonormannische Roman über Richard Löwenherz wird geschrieben. Gerade 50 Jahre nach seinem Tod 1199 ist Richard bereits eine Legende.

Ca. 1260 *Die Goldene Legende* von Jacobus de Voragine macht die Geschichte vom heiligen Georg und dem Drachen bekannt.

1265 Der mallorquinische Dichter und Philosoph Ramon Llull schreibt das *Buch über den Ritterstand*, ein Handbuch für Ritter.

1270 Ludwig IX. führt den 8. Kreuzzug gegen das muslimische Nordafrika. Er stirbt in Tunis, der Kreuzzug wird ein Misserfolg.

1271–1272 Prinz Eduard von England führt den 9. Kreuzzug recht erfolglos an.

1278 In Le Helm, Picardie, findet ein aufwendiges arturianisches Tunier statt; der anglonormannische Trouvère Sarrasin beschreibt dies in *Das Buch über Le Hem*.

1285–1314 Ein Großteil der Armee König Philips IV. von Frankreich besteht bereits aus Berufssoldaten.

1303 Der Abenteurer Roger de Flor gründet die „Katalanische Kompanie", eine der ersten „ritterlichen" Söldnerkompanien.

1312 Das altfranzösische Epos *Pfauengelübde* stellt die „Neun Würdigen des Rittertums" vor: drei biblische Figuren – Joshua, David und Judas Maccabeus; drei klassische Krieger – Hektor von Troja, Alexander den Großen und Julis Cäsar; und drei aus christlicher Zeit – Artur, Karl den Großen und Godfrey of Bouillon.

1316 Der Bann über die Turniere wird von Papst Johannes XXII. aufgehoben.

1325 König Karl von Ungarn gründet den „Orden des Heiligen Georg".

1326 Florenz kauft zwei Kanonen zur Verteidigung der Stadt.

ca. 1330 Die erste Plattenrüstung.

1332 König Alfons XI. von Kastilien und Leon gründet den Orden vom Band.

ca. 1335 Der Ritterorden der heiligen Katharina wird in Dauphiné, Frankreich, gegründet.

1337–1453 In den Armeen im Hundertjährigen Krieg dienen bereits viele Berufssoldaten, vor allem als Fußsoldaten und Armbrustschützen.

23. April 1348 König Eduard III. von England und sein Sohn gründen den „Hosenband-Ritterorden".

ca. 1350 Der französische Ritter Geoffroi de Charny schreibt sein *Ritterbuch*.

ca. 1350 Eine weitere Ritter-Söldnerkompanie wird gegründet, sie wird „Große Kompanie" genannt.

1351 Im berühmten „Kampf der 30" kämpfen in Britannien zwei 30 Mann starke Teams in der Disziplin „Lanzenstechen" gegeneinander.

1352 Der französische „Orden des Sterns" wird gegründet.

1356 Die Engländer besiegen die Franzosen in Poitiers; hier und in Crécy kämpft man zu Fuß.

1364 In der Schlacht von Auray nimmt der englische Ritter Sir John Chandos den großen französischen Ritter Bertrand du Guesclin gefangen.

▼ *Eduard der Schwarze (Mitte) in der Schlacht von Crécy (1346).*

1367 Chandos und Eduard der Schwarze fangen Guesclin ein zweites Mal. Sie bekommen 100.000 Francs Lösegeld.

1369–1400 Der französische Dichter und Historiker Jean Froissart schreibt seine *Chroniken*, eine der wichtigsten Quellen zum Thema „Ritter".

1382–1387 Der provenzalische Schreiber Honoré Bonet verfasst *L'arbre des batailles*.

1390 Im Lanzenstechen von St. Inglevert in Nordfrankreich besetzen vier französische Ritter 30 Tage die Turnieranlagen und bekämpfen jeden Neuankömmling.

1399 Der französische Ritter Maréchal de Boucicaut gründet mit zwölf anderen den „Orden des Grünen Schildes der Weißen Frau", um Frauen zu schützen.

ca. 1400 Der Tilt oder die zentrale Beschrankung auf dem Turnierplatz ist von jetzt an allgemein üblich.

1430 Philip der Gute, Herzog von Burgund, gründet den „Ritterorden vom Goldenen Vlies".

1434 Duarte, König von Portugal, schreibt ein Handbuch über die Reitkunst.

ca. 1450 In Frankreich wird das erste staatliche Infanterieregiment gebildet; es wird üblich, professionelle Berufsarmeen zu gründen.

1485 Sir Thomas Malorys *Le Morte d'Arthur* wird veröffentlicht, eine bedeutende Quelle für die arthirianische Tradition.

1495 Matteo Maria Boiardos *Orlando Innamorato* erscheint.

1513–1518 Der italienische Höfling und Diplomat Baldassare Castiglione schreibt sein Buch *Der Höfling, ein Leitfaden für Gentlemen*.

1515 Der französische Ritter Pierre de Terrail, auch bekannt als Chebalier de Bayard, schlägt seinen König, Franz I., nach der Schlacht von Marignano zum Ritter.

1516 Lodovico Ariostos *Orlando Furioso* erscheint.

1520 Die Könige Franz I. von Frankreich und Heinrich VIII. von England treffen sich zu Verhandlungen in Calais. Der Ort ihres Treffens wird „Feld des Goldenen Tuches" genannt.

1559 König Heinrich II. von Frankreich stirbt beim Lanzenstechen in Paris.

EDELLEUTE IM FEUDALISTISCHEN EUROPA

Ein Ritter, der mit seiner Lanze auf dem Schlachtfeld oder beim Tjosten auf dem Turnierplatz zu Ruhm und Ehre kam, hatte in der Regel ein hartes Training hinter sich. Viele Jahre hatte er als Page in einem adligen Haushalt gelebt und als Knappe einem Ritter zu Diensten gestanden. Seine Fertigkeiten als Kämpfer und Reiter standen außer Frage, und er wusste, welche Pflichten er hatte. In Krieg- und Friedenszeiten war seine Hauptaufgabe der Dienst am anderen: Er musste in der Armee seines Feudalherrn kämpfen, die Kirche und die Schwachen schützen, und falls er das Glück hatte, in den Dienst einer Adligen zu kommen, diese mit Heldentaten und Minne beglücken. Der Dienst war eine Sache des Stolzes: War man zum Ritter geschlagen, wurde man angetrieben von dem Wunsch, zu beweisen, dass man diese Ehre auch verdiente.

▲ 1450 im Verlauf des Hundertjährigen Krieges traten die Engländer Cherbourg an die Franzosen ab.

► Die Belagerung der Burg Jean de Dervals im Hundertjährigen Krieg (1337–1453) zwischen Frankreich und England. Rechts im Bild sitzt der französische Ritter und Nationalheld Bertrand du Guesclin auf einem weißen Pferd; links vor seinem Zelt empfängt Louis d'Anjou eine königliche Order.

KAPITEL 1

URSPRÜNGE DES RITTERTUMS

732 n. Chr. kommandierte der gefürchtete fränkische Hausmeier Karl Martell die Armee der Franken in der Nähe von Tours. Er errang dort einen legendären Sieg über die muslimischen Streitmächte, die von Abd ar-Rahman angeführt wurden. Diese hatten mit ihrer Reiterei vom Umayyaden-Kalifat aus – ein islamisches Territorium, das 711 nach ihrer Invasion aus Nordafrika im heutigen Spanien etabliert worden war – die größte einer Serie von nordwärts gerichteten Invasionen eingeleitet. Nach der Niederlage gaben sie alle Hoffnung auf, Nordeuropa jemals zu erobern, und ließen sich auf der Iberischen Halbinsel nieder, wo ihre Nachfahren bis 1492 lebten.

Die Schlacht von Tours wird als Schlüsselmoment in der Entstehungsgeschichte des Rittertums angesehen, da sie den Franken zur Übernahme der Macht verholfen hat. Ihre schwere Kavallerie sollte später ein effektives Werkzeug in den Händen Karls des Großen, König der Franken von 768–814, werden. Auch Mut und Standhaftigkeit der Krieger, die gegen eine große islamische Armee kämpften, hinterließ einen tiefen Eindruck bei denjenigen, die in die Kreuzzüge des 11. Jh. und später involviert waren. Dennoch wurde die Schlacht von Tours nicht von der fränkischen Reiterei gewonnen. Karl der Große befahl seinen reitenden Truppen abzusitzen, und an der Seite seiner Fußtruppen ein Karree zu bilden. So wehrten sie als Fußsoldaten standhaft die wiederholten Angriffe der muslimischen Reiter ab – „unbeweglich wie eine starre Mauer, hart wie ein Eisblock". So liest man in altspanischen Quellen.

▲ *Kaiser Karl der Große führt seine Ritter in die Schlacht bei Agolant, Spanien.*

◀ *Die Schlacht von Tours (732) war ein herausragendes Ereignis der europäischen Geschichte und darf als Schöpfungsmoment des Rittertums angesehen werden.*

DIE WELT VOR DEN RITTERN

ERSTE BERITTENE KRIEGER

Die Ritter des Mittelalters waren weder die ersten Krieger, die zu Pferde in die Schlacht zogen, noch waren ihre Vorfahren die berittenen Truppen der Franken. Die militärische Nutzung von Pferden lässt sich tausende von Jahren bis nahezu in die Vorzeit zurückverfolgen.

VORLÄUFER BERITTENER TRUPPEN

Um 4000 v. Chr. begannen Menschen Pferde zu zähmen und zuzureiten. Nach heutigen Erkenntnissen kämpften Krieger bereits im 2. Jahrtausend v. Chr. in berittenen Wagen: Die indo-iranischen Krieger, die um 1500 v. Chr. die ursprüngliche Bevölkerung Nordindiens und Pakistans überrannte, kämpften mit Streitwagen und eisernen Waffen. Die indo-iranischen Völker erfanden diesen Kampfwagen in ihrem Heimatland, den Steppen Zentralasiens, und sie verbreiteten dessen Einsatz, als sie zwischen 1500 und 800 v. Chr. in den letzten zwei Eroberungswellen von ihrer ursprünglichen Heimat ausströmten. Die Kampfwagen wurden von den Assyrern, Babyloniern und frühen ägyptischen Kaiserreichen übernommen.

Im 9. Jahrhundert v. Chr. besaß die assyrische Armee eine schlagkräftige Reiterei. Die berittenen assyrischen Krieger kämpften hauptsächlich mit Pfeil und Bogen, obwohl sie auch Schilde und Schwerter führten. Sie ritten ohne Sättel, Peitschen oder Sporen. Die Krieger mussten sehr erfahrene Reiter sein, da sie gleichzeitig ihre Waffen bedienten und dabei rasend schnell ritten. Sie ritten in Paaren und wechselten sich beim Halten der Zügel ab, einer spannte den Bogen, der andere schoss den Pfeil.

Zwischen dem 5. und 3. Jh. v. Chr. gelangten die Skyther, eine weitere ehemalige indo-iranische Nomadengruppe, ob ihres Heldenmuts zu Pferde zu Ansehen. Die Skyther waren blutrünstige Krieger, die sämtliche ihrer Opfer enthaupteten und skalpierten, ihre Schädel aushöhlten und sie als Trinkgefäße verwendeten.

▼ *Vom 9. bis 7. Jh. v. Chr. war die assyrische Kavallerie wegen ihrer harten und schnellen Kämpfe mit Pfeil und Bogen und mit Speeren gefürchtet.*

▲ *Mit Hilfe der Reiterstaffel erschuf König Alexander, historisch bekannt als „der Große", ein ausgedehntes Kaiserreich.*

ALEXANDERS VERBÜNDETE

Die Streitkräfte des antiken Griechenlands basierten prinzipiell auf den Fußtruppen, während berittene Truppen eine Schlüsselfunktion in der Armee Alexanders des Großen, makedonischer König im 4. Jh. v. Chr., einnahmen. Seine Eroberungen sollten ihn zu einer wichtigen Figur im mittelalterlichen romantischen Roman werden lassen.

Alexanders Truppen waren dem Kader der Lehnsritter ähnlich, die im Mittelalter an der Seite ihres Lehnsherrn kämpften. Hauptkomponente in Alexanders berittenen Truppen war eine aristokratische Elite namens *hetairoi* (Verbündete), die mit langen Speeren für den Kampf zu Pferde und einem scharfen Schwert für den Fall ausgerüstet waren, dass sie absitzen mussten.

Alexander ritt immer an der Spitze seiner Truppen, wenn diese in den Kampf zogen. Er setzte seine Fußtruppen ein, um den Feind bewegungsunfähig zu machen und attackierte ihn dann mit seinen Verbündeten an dessen rechter Flanke oder von hinten, während eine kleinere berittene Truppe von links angriff.

MIT SCHWERER RÜSTUNG

Die berittenen Streitkräfte des Kaiserreichs der Parther, deren Blütezeit im 1. Jh. v. Chr. lag, säten Furcht in den Herzen ihrer Feinde. Die parthischen Reiter ritten gepanzerte Pferde und waren bekannt dafür, dass sie Pfeile über ihre Schulter abschossen, während sie davonritten – eine Taktik, die heute als „parthischer Schuss" bekannt ist. Sie und ihre Nachfolger, die Reiche der Seleukiden und Sassaniden im heutigen Iran, benutzten kleine berittene Einheiten, die mit Lanzen kämpften, eine Formation namens Kathaphraktos (griech., geschützt durch eine Mauer).

Auch die römische Armee verfügte über reitende Truppen. In den frühen Jahren des Reiches bestanden sie vornehmlich aus reichen Grundbesitzern, den *equites*, die sich sowohl ein Pferd als auch die nötigen Waffen leisten konnten. Allerdings wurden die *Equiter* zunehmend zu einer sozial privilegierten Kampftruppe. Die Reiter wurden mit fremden Kämpfern aus den Truppen der Stämme der Iberer, Gallier und Numiden (Berbervolk aus Nordafrika) aufgestockt. Über eine lange Zeit wurde die römische Reiterei allerdings eher zum Ausspionieren und für kleine „Plänkeleien" eingesetzt und weniger als echte Kampftruppe in der Schlacht.

▼ *Berittene Kämpfer der persischen Armee auf farbenfrohen Satteldecken. Sie trugen weder Rüstung noch gepanzerte Schilde.*

53 v. Chr., in der Schlacht in Carrhae (heute Turran, Türkei), in der der römische General Crassius eine Niederlage durch den parthischen General Spahbod Surena erlitt, wurde den Römern erstmals bewusst, wie effektiv große Reitertruppen, vor allem lanzenbewehrte *Kataphrakte*, in Schlachten eingesetzt werden konnten.

GOTISCHE REITER

Der Niedergang des römischen Westreichs im 5. Jh. v. Chr. brachte neue deutsche Stämme hervor. Die Goten und Vandalen, die Rom plünderten, verfügten über starke Reitertruppen. Etwas später, um 378 v. Chr. bescherten die gotischen Reiter während der Schlacht von Adrianopolis (das heutige Edirne in der Türkei) der römischen Armee eine vernichtende Niederlage. Diese Schlacht wird in der Geschichte als einer der ersten großen Triumphe der schweren Reiterei angesehen und ebenfalls als der Konflikt, der den letztendlichen Niedergang des Westreichs initiierte.

Im römischen Ostreich, dessen Zentrum Konstantinopel (das heutige Istanbul) war, machte die schwere Reiterei einen großen Bestandteil der kaiserlichen Truppen aus. Unter der Führung von Flavius Belisarius,

▲ *Die antike römische Armee verband die Schnelligkeit lanzentragender Reiter mit der Zähigkeit legionärer Fußtruppen.*

der im 6. Jh. v. Chr. als General dem byzantinischen Kaiser Justinian I. diente, waren schwere Reiterverbände eine schlagkräftige Waffe, die mit Speeren und Pfeil und Bogen kämpften.

Auch in Europa verbreitete sich der Einsatz der schweren Reiterei. Die Franken, eine deutsche Volksgruppe, die den Großteil der ehemaligen römischen Kolonie Gallien beherrschte und die unter Karl dem Großen sehr erfolgreich als berittene Truppe diente, kämpfte ursprünglich als Fußvolk. Sie lernte den Einsatz von Truppen zu Pferde von den Goten und sollte diese Kenntnis viele Jahre später an die Wikinger weitergeben.

In der Schlacht von Tours 732 zogen die Franken erstmals zu Pferde in den Krieg. Die Pferde waren allerdings besser als Lasttiere geeignet denn als Schlachtrösser. Reichere Franken ritten zu Pferde in die Schlacht und saßen zum Kampf selbst ab. Sie waren erholter im Kampf als ihre Feinde, die schon zuvor über viele Tage zum Kampfschauplatz marschiert waren.

FEUDALRITTER

DER AUFSTIEG DER FRANKEN UND DAS FRÜHE FEUDALSYSTEM

Die Adligen, die in der schweren Reiterei unter Karl dem Großen (Frankenkönig 786–814) gekämpft hatten, dienten dem Monarchen als Vorreiter für die später typische Bindung der Ritter an ihren Herrn. Die fränkischen Adligen im frühen Feudalsystem erhielten Ländereien als Gegenleistung für militärische Dienste.

DAS AUFKOMMEN DER FRANKEN

Die Franken waren ein Zusammenschluss germanischer Stämme, deren erstes Zeugnis als Siedler an den Ostufern des Rheinunterlaufs aus dem 3. Jh. v. Chr. stammt. Nur 100 Jahre später eroberten sie ehemals römisches Land, das heute in Belgien liegt. Einige ihrer Stammesführer wurden Verbündete Roms und bewachten die Grenzen des Reichs. Sie waren als ruchlose Krieger gefürchtet und viele von ihnen dienten bereits als Hilfskräfte in der römischen Armee.

▼ *Mit der Taufe Chlodwigs durch Bischof Remigius von Reims begann 496 die lange Verbindung zwischen den Franken und der katholischen Kirche. Der Historiker Gregor von Tours verglich Clodwig im 6. Jh. mit dem biblischen König David.*

▲ *Pippin III., Sohn Karl Martells und Vater Karls des Großen, wurde 751 von Papst Bonifazius gekrönt. Er war der erste fränkische König, der päpstlichen Segen erhielt.*

Im 5. Jh. wurde Roms Einfluss auf seine europäischen Provinzen schwächer. Die Franken übernahmen nun die Kontrolle über die nordöstlichen Gebiete der früheren römischen Provinz Gallien (heutiges Frankreich). Clodwig I. (481–511) eroberte als König der salischen Franken, eines Zweigs der fränkischen Vereinigung, die rivalisierenden Gruppen und vereinigte alle Franken, indem er ein Reich schuf, dass Gallien, Burgund und die heutige Provence einschloss. Die Dynastie der Merowinger (benannt nach Merovech) regierte, bis 751 die Karolinger die Macht übernahmen.

EIN KATHOLISCHER PRINZ

Auf Clodwig I. ist die starke Bindung der Franken an die katholische Kirche zurückzuführen. Durch seine Heirat mit der katholischen burgundischen Prinzessin Clothilde trat er zum katholischen Glauben über. Zu dieser Zeit gehörten viele germanische Stämme dem Arianismus (nach dem Theologen Arius, 4. Jh.) an, der auf der Annahme fußte, Christus sei eher ein Wesen der Schöpfung als ein Ebenbild Gottes. Arianismus galt generell als Ketzerei. Die Franken folgten allerdings dem Beispiel ihres Anführers und traten in großer Zahl vom paganischen Glauben zum Katholizismus über. Da Clodwig die fränkischen Stämme und die Gebiete Galliens vereinigt hatte, wird er vielfach als Gründer Frankreichs angesehen.

Nach seinem Tod 511 zerbrach das fränkische Reich aufgrund von Erbstreitigkeiten in viele kleine konkurrierende Königreiche. Die Autorität der merowingischen Könige schrumpfte und hernach lag die Macht zunehmend in der Hand der *Majores Palatii* (Herrscher der Paläste) der einzelnen Königreiche. Diese Stellung war aus einer ähnlichen im römischen Reich entstanden, der des *Major Domus* (Verwalter des Hauses), der von Grundbesitzern ernannt wurde, um einen Einzelstaat zu verwalten.

NEUE EXPANSION DER FRANKEN

Im späten 7. Jh. ging Pippin, der Verwalter des fränkischen Reiches Austrasien (östl. Frankenreich), auf einen Feldzug. Sein Ziel war es, sein Herrschaftsgebiet zu vergrößern. Er übernahm die Kontrolle über das

GELÖBNIS

Ein Vasall schwor seine Loyalität in einer Zeremonie, die als Gelöbnis bezeichnet wurde. Knieend versprach er, seinem Herrn gegenüber loyal zu sein und ihm militärisch oder anders zu dienen, etwa bei der Landarbeit. Der Lehnsherr küsste seinen Vasallen und half ihm beim Aufstehen. Er übergab ihm ein Symbol der Vereinbarung – manchmal einen Klumpen Erde. Der Vasall erhielt im Gegenzug den Schutz durch seinen Lehnsherrn – eine wichtige Erwägung zu Zeiten, als die zentrale Autorität oft schwach war und Plünderer wie die Wikinger weitläufig ihr Unwesen trieben. In frühen Zeiten wurde der Vasall oft Angehöriger des Gefolges, aber ab dem 9. Jh. forderte der Schwur dem Vasallen berittenen militärischen Dienst mit Lanze, Schild und Schwert ab.

▲ *Das ehemals auf dem Schlachtfeld eroberte Frankenreich zerbrach im Krieg Stück für Stück. Lothar I., Enkel Karls des Großen, wurde 823 von Papst Paschalis I. zum Kaiser gekrönt; allerdings musste er die Macht mit seinen Brüdern teilen.*

Königreich Neustria (westl. Frankenreich) und schlug die Friesen im Norden von Austrasien. Nach Pippins Tod 714 wurde Karl, sein unehelicher Sohn, zum Verwalter. Karl setzte die fränkische Expansion fort. Seine Taten brachten ihm den legendären Ruf als Karl Martell (Karl der Hammer) ein. Er war es, der 732 die nordwestliche Eroberungswelle der islamischen Krieger in der blutigen Schlacht von Tours stoppte.

VASALLENTUM UND FRÜHE FORMEN DES FEUDALISMUS

Ein Grundsatz in den fränkischen Gebieten war, dass jeder freie Franke gehalten war, für den König zu kämpfen. Zusätzlich unterhielten die fränkischen Könige Gruppen eingeschworener Krieger oder Vasallen (*antrustiones*). Diese Männer schworen den Herrschern Loyalität und versprachen ihm militärische Unterstützung; im Gegenzug erhielten sie Ausstattung, Verpflegung und einen Anteil an der Kriegsbeute. Diese Vereinbarung geht auf das ehemalige *comitatus* zurück, eine Gruppe eingeschworener Krieger, die germanischen Stammesführern dienten. Sie erhielten leitende Verwaltungspositionen als *Comer* (Graf) und militärische als *Dux* (Herzog).

Im 8. Jh. brachen auf Geld basierender Handel und Wirtschaft in den fränkischen Gebieten zusammen und Reichtum wurde fortan in Ländereien gemessen. Landbesitzer waren König, Kirche und fränkische Lehnsherren, denen der König die Kontrolle über Landabschnitte übertrug. Die Könige verteilten Land als Pfründe, eine Garantie des vollen Besitzes auf Lebenszeit.

Die fränkischen Könige verbanden die Erteilung von Pfründen mit dem Vasallentum in der Form der Lehnsherrschaft: Das Land, das der Vasall erhielt, blieb Eigentum des Königs. Der Vasall erhielt als Dank für den Schwur der lebenslangen Loyalität dem Herrn gegenüber und dem Versprechen von militärischer Gegenleistung sämtliche Rechte. Die Koppelung der Lehnsherrschaft an militärische Gegenleistung wurde zur Basis des Feudalsystems, das die frühe mittelalterliche Gesellschaft kennzeichnete. Die Bindung zwischen Lehnsherrn und Vasallen zeichnete sich in allen sozialen Schichten ab: Zwischen dem König und den Grafen und Herzögen, zwischen diesen und den Pächtern ihrer Ländereien; und ebenso zwischen kleinen Lehnsherren und ihren Vasallen, die Anteile seiner Ländereien hielten.

Es wurde für Lehnsherren üblich, Lehen an ihre Söhne weiterzugeben, und der Besitz des Landes als vererbbares Lehnsgut ermöglichte es Adelsfamilien, Schritt für Schritt beträchtliche Ländereien aufzubauen und diese nach ihrem Tode weiterzugeben. Einige Familien wurden so mächtig, dass sie die Macht des Königs in Frage stellen konnten. Das Recht der Lehnsherren, die Lehnsgüter ihren Söhnen zu vererben, war allgemein anerkannt, aber nicht rechtens. Schließlich verfügte der Enkelsohn Karls de Großen, König Karl der Kahle, dass ein Graf an seinen Sohn vererben durfte, wenn er dann verstarb, wenn der König auf einem Feldzug außer Landes war.

▼ *Karl Martell war von den muslimischen Reitern der Schlacht von Tours beeindruckt. Er stärkte die fränkischen Reitertruppen, indem er kirchliches Land unter seinem Gefolge verteilte, um die Anzahl der Landbesitzer zu vergrößern, die sich selbst als berittene Krieger ausstatten konnten.*

EIN CHRISTLICHES REICH IN EUROPA

DAS HEILIGE RÖMISCHE REICH KARLS DES GROSSEN

Karl Martells Nachfahren, vor allem sein Enkel Karl I., seit 768 König der Franken, schufen ein großes Reich, das weite Teile West- und Mitteleuropas einschloss. Sie verbündeten sich mit der christlichen Kirche und nahmen den päpstlichen Segen in Rom entgegen. Durch ihre Feldzüge verbreiteten sie den katholischen Glauben und bekehrten heidnische Volksstämme.

Der Erfolg der fränkischen Armeen resultierte aus den Heldentaten ihrer gut ausgestatteten Reitertruppen. Karl I. war bekannt als Karl der Große, im Lateinischen *Carolus Magnus* und als *Charlemagne*.

DIE KAROLINGISCHE DYNASTIE

Karl Martell hat allem Ehre gemacht, nur nicht seinem Namen: Er war fränkischer Hausmeier und stand den merowingischen Königen vor, den Nachfahren Chlodwigs I. 751 verdrängte Martells Sohn, Pippin der Kurze (der Jüngere), den letzten der merowingischen Könige, Childerich III., und ernannte sich zum König. Er gründete die karolingische Dynastie (nach dem lateinischen *Carolus)*, zu Ehren seines Vaters Karl Martell und seines Sohnes Karl der Große.

Pippin wurde zweimal gesalbt, einmal durch den Missionar St. Bonifatius und 754 von Papst Stephan II. in einer prunkvollen Zeremonie in der Basilika von Saint Denis in Paris zusammen mit seinen Söhnen Karlman und Karl. Pippin schlug die lombardischen Truppen in Norditalien und übergab die eroberten Gebiete dem Papst. Er gliederte auch Aquitanien, das heutige Südwestfrankreich, dem fränkischen Reich ein. 768 traten seine beiden Söhne seine Nachfolge an; als Karlman 771 starb, regierte Karl der Große allein weiter.

CHRISTLICHE KRIEGER

Einer der ersten Feldzüge Karls des Großen war die erneute Invasion des Königreichs der Lombarden in Norditalien, wo Karlmans Witwe auf der Suche nach Hilfe Zuflucht gefunden hatte. Karl der Große

▲ *Die Kirche unterstützte den Aufstieg der fränkischen Macht. Karl der Große gab 774 die Kontrolle über Norditalien ab und erhielt dafür den Segen durch Papst Hadrian I.*

entthronte den lombardischen König Desiderius und beanspruchte die Krone 774 für sich selbst. Er entmachtete seine Neffen, die Anspruch auf die väterliche Macht erhoben hatten und sie verschwanden einer nach dem anderen von der Bildfläche – wahrscheinlich hat man sich ihrer entledigt. Fränkischen Lehnsherren übertrug er Schlüsselpositionen in lombardischen Gebieten. Bei einer Osterfeier in Rom beschwor er nochmals die Verbindung zwischen Franken und dem Papst.

Die Verbindung zwischen der fränkischen Herrschaft und der katholischen Kirche war ein zentrales Element in der Geschichte des Rittertums. Die berittenen Krieger in den Streitkräften Karls des Großen kämpften im Namen Christi. Die Kirche entwickelte Theorien, die Gewalt rechtfertigten, wenn diese zu einem heiligen Zweck ausgeübt wurde.

KÄMPFEN FÜR CHRISTUS

Karl der Große sah es als königliche Pflicht an, den christlichen Glauben zu verbreiten. Er ritt mit Elitetruppen berittener Krieger in die Schlachten für das Kreuz. 772 startete er einen Angriff auf die heidnischen Sachsen, ein wilder und unabhängiger germanischer Stamm, der mit den Franken rivalisierte. Die Sachsen waren allerdings aus hartem Holz geschnitzt: Der Angriff Karls des Großen zog sich über 32 Jahre bis 804 hin. Er führte nicht weniger als 18 Feldzüge, als Feldherr selbst an der Spitze seiner Elitesoldaten.

Er muss geglaubt haben, seinem Ziel nahe zu sein, als es 775–777 unter den Sachsen zu Massentaufen kam. Trotz Unterzeichnung des Untertanenvertrags von 777 rebellierten diese jedoch erneut, und Karl der Große verhängte 782 mit der Massenexekution von 4500 Sachsen eine schreckliche Strafe. In seiner Machtphase gelang es ihm, alle anderen germanischen Stämme seiner Regentschaft zu unterwerfen – er schlug die Bayern, die Friesen, die Alemannen und die Thüringer.

NIEDERLAGE UND CHRISTIANISIERUNG DER AVAREN

In den späten 790er-Jahren führte Karl der Große einen Angriff auf die Avaren, ein nomadisches Reitervolk aus Asien, das sich im heutigen Ungarn niedergelassen hatte und Raubzüge in den östlichen Teilen des fränkischen Reichs unternahm. Einhard, der Biograf Karls des Großen, nannte die Avaren Hunnen. Karl der Große schlug die Avaren 790–791 höchstpersönlich in die Flucht. Weitere Angriffe durch Pippin (bekannt als Pippin von Italien) und den Herzog Erik von Friaul bewirkten, dass die Avaren kapitulierten und Karl dem Großen und den Vasallen Gefolgschaft schworen.

DIE AUFERSTEHUNG DES WESTLICHEN RÖMISCHEN REICHES

Karl der Große pflegte zunächst die guten Beziehungen zum Papst und zu den Herrschern des byzantinischen oder oströmischen Reiches in Konstantinopel. 781 war er erneut in Rom und wohnte der Salbung seiner beiden Söhne Pippin und Ludwig zu Königen der Lombardei bzw. Aquitaniens bei. Er wurde auf die byzantinische Kaiserin Irene aufmerksam und schon bald verhandelten die beiden Herrscher über eine Hochzeit von Rotrude, Tochter Karls des Großen, mit Irenes Sohn, dem zukünftigen byzantinischen Kaiser Konstantin IV.. Die Verhandlungen misslangen allerdings.

799 gewährte Karl Papst Leo III., der einer Revolte italienischer Adliger entkommen war, Zuflucht; Karl der Große brachte ihn sicher zurück nach Rom. Ein Jahr später besuchte er Rom und Leo krönte ihn zum „Kaiser Augustus", ein Versuch, das weströmische Reich als christliches Reich wiederzubeleben.

Für das byzantinische Reich war dies eine Herausforderung, waren doch Papst und Franken die Mächtigsten des Ostreiches: der byzantinische Kaiser wurde als Herrscher über alle Christen angesehen. Kurzum, es war möglich, dass beide Hälften des Reiches wiedervereinigt würden: Karl der Große hielt um die Hand Kaiserin Irenes an, aber auch dies scheiterte, noch bevor sie 802 starb. Anschließend ergab sich eine Pattsituation, aus der ein immer wieder aufflackernder Konflikt um die sich in byzantinischer Hand befindlichen Gebiete in Italien resultierte. 812 schließlich erkannte der byzantinische Kaiser Michael I. Karl den Großen als Kaiser mit dem Titel *Imperator Romanorum gubernans imperium* („Kaiser, der die Gebiete der Römer regiert") an. Im darauffolgenden Jahr erklärte Karl der Große seinen Sohn Ludwig zum Nebenkaiser und zu seinem auserwählten Nachfolger. Karl der Große selbst starb 814.

▲ *Die Kapelle von Karls Kaiserpalast, die 790 erbaut wurde, „überlebte" als Teil des Aachener Doms.*

▼ *Angeführt von Karl wurden 778 christliche Krieger in der Schlacht von Roncesvalles in Spanien von muslimischen Truppen besiegt. Das Rolandlied ist elegisches Zeugnis.*

DER INBEGRIFF EINES RITTERS

KARL DER GROSSE

Im mittelalterlichen Europa galt Karl als vorbildlicher König und Kaiser. Als großer militärischer Taktiker führte er Armeen an und setzte Reiterverbände im Kampf ein. Er zog mit seinen berittenen Elitekadern in die Schlachten und war ein christlicher Krieger, der kämpfte, um den Glauben zu verbreiten: Alle Völker, die er besiegte, traten zum christlichen Glauben über. Jahrhunderte später wurde er in den *Chansons de geste* (altfranzösische Epik) als berittener Held und perfekter Ritter, der dem ritterlichen Ehrenkodex folgte, gepriesen.

DER GLAUBE KARLS DES GROSSEN

774 setzte Karl den lombardischen König Desiderius ab, weil er dessen Krone für sich beanspruchte, und er schaffte sich die beiden Söhne des Königsbruders vom Hals, die Anspruch auf die Krone hatten. In seinem ersten Feldzug gegen die Lombardei, in der er die fränkische Allianz mit dem Papst erneuerte, gab Karl Zeugnis von seinen Qualitäten: strategische Intelligenz, Entscheidungswille, militärische Stärke und ein Maß an Skrupellosigkeit, um den Anspruch seiner Neffen auf die Herrschaft zu verleugnen. Die Ereignisse von 774 zeigen die Verquickung seines politischen Handelns mit seinem religiösem Glauben, auch wenn seine Verbindung zum Papst einen rein politischen Zweck hatte.

▼ *Karl der Große wohnt während eines Feldzugs der Messe bei. In Schlachten, die er gegen heidnische, germanische Volksstämme führte, wurde im Namen Christi gekämpft.*

VOR GERICHT UND ALS PATRON

Zu den Eigenschaften, die den Ruf Karls im Mittelalter begründeten, gehörten sein persönliches Engagement in Kirchen- und Bildungsfragen. Er war großzügiger Förderer von Kirche und Bildung und zugleich für die Wiederbelebung der Künste und Gelehrsamkeit verantwortlich, die später unter dem Begriff „Karolingische Renaissance" bekannt wurde.

Er sammelte viele kluge Köpfe des damaligen Europas an seinem Gerichtshof in Aachen, unter ihnen auch den angelsächsischen Mönch Alkuin, der für die Umstrukturierung des Bildungswesens im ausgedehnten Reich Karls des Großen zuständig war. Alkuin war für die Wiedereinführung der Studien der sieben freien Künste, nämlich Musik, Astronomie, Geometrie, Logik, Arithmetik, Grammatik und Rhetorik, die schon im antiken Rom studiert worden waren, verantwortlich.

Eine weitere Schlüsselfigur unter Karls Höflingen war der Mönch Einhard, ein ehemaliger Schüler Alkuins, der eine Biografie des Kaisers verfasst hatte. Aus Einhards Berichten geht hervor, dass Karl der Große stattlich und ungewöhnlich groß war – seine Größe entsprach der siebenfachen Länge seiner Füße. Er besaß große Augen und eine große Nase, volles graues Haar und ein heiteres Gesicht. Er schritt bedeutungsvoll daher, aber seine Stimme war höher als man erwartet hätte. Aus anderen Quellen wissen wir, dass er es trotz grober Umgangsformen schätzte, mit Gelehrten zu diskutieren, die er um sich versammelt hatte, und von denen er zu lernen suchte.

DIE NIEDERLAGE VON SPANIEN

Unter Karl war die fränkische Armee ein beeindruckender und hocheffektiver Apparat. Dennoch berichtet eines der großen *Chansons de geste*, die normalerweise die mittelalterlichen Ritterhelden glorifizierten, von einer der wenigen Niederlagen des Kriegerkönigs. Den Rückschlag gab es 778 in den Pyrenäen. Karl war auf Drängen muslimischer Abgesandter in Nordspanien eingefallen. Das Hilfegesuch gegen den umayyadischen Emir in Cordoba erschien ihm als gute Gelegenheit, seinem militärischen Ansehen weiteren Glanz zu verleihen und gleichzeitig die Ausbreitung des Christentums in das in weiten Teilen muslimische Spanien voranzutreiben. Der Feldzug, in dem er Saragossa belagerte, war kein Erfolg. Doch es sollte noch schlimmer kommen. Als er seine Truppen über die Pyrenäen zurückführte, wurden sie aus dem Hinterhalt von baskischen Kämpfern angegriffen (vermutlich Verbündete der muslimischen Krieger) und ein großer Teil

▲ *Karl weigerte sich anzuerkennen, dass seine Macht von der päpstlichen Gunst abhing. Um dies zu unterstreichen, nannte er sich „Kaiser von Gottes Gnaden“.*

der Truppen Karls des Großen fiel ihnen zum Opfer. Unter ihnen war Hrouland oder Roland, Wächter der Grenzgebiete zu Britannien und jener Krieger, der dem *Rolandslied*, das die Niederlage feierlich bezeugt, einem epischen Meisterstück der mittelalterlichen Literatur aus dem 11. Jh., seinen Namen gab.

KARL DER GROSSE, DER KRIEGER

Man weiß viel über die Feldzüge Karls des Großen, seine politischen Manöver und sein Einsatz für die Bildung, aber es gibt wenig Zeugnis über ihn als Krieger. Doch gerade dieser Teil seines Lebens war im Mittelalter von großer Bedeutung, da er als vorbildlicher Ritter galt. In Werken wie dem *Rolandslied* wurde seine Beziehung zu seinen berittenen Elitekämpfern als das Zentralmoment des Rittertums dargestellt: die Perfektion der ritterlichen Beziehung zwischen einem Lehnsherrn und seinen Rittern. Immerhin verfügt man heute über eine Beschreibung der Kleidung, die Karl der Große zum Kampf trug.

Notker von St. Gallen, ein benediktinischer Mönch des 9. Jh. aus dem Kloster St. Gallen (heute St. Gallen in der Schweiz) hinterließ in seinem Werk *Gesta Caroli Magni* (Das Leben Karls des Großen) eine Beschreibung des Königs in seiner Kampftracht. Es beschreibt ihn als den „eisernen König“: Seine Rüstung bestand aus einem eisernen Helm, eisengepanzerten Ärmeln und einem Kettenpanzerhemd; seine Beine waren an den Oberschenkeln ebenfalls mit Kettenpanzern bedeckt, die Unterschenkel schützen Röhrenpanzer.

KÖNIG MIT RITTERLICHEN TUGENDEN

Totila, König der Ostgoten, wurde Mitte des 6. Jh. als Vertreter des Rittertums gefeiert, so, wie Karl der Große als frühes Beispiel eines perfekten Ritters galt. In den 540er-Jahren eroberte Totila Zentral- und Süditalien, das zuvor von den Byzantinern des Oströmischen Reichs besetzt worden war, für die Goten zurück. In zeitgenössischen Berichten wurde er für seine Menschlichkeit und seine Fairness im Umgang mit geschlagenen Feinden gefeiert – später für wichtige ritterliche Tugenden. Er war ein großer Krieger von heldenhafter Erscheinung. Im 6. Jh. beschrieb der byzantinische Geschichtsschreiber Prokopius Totilas prunkvolle Kleidung: goldene Rüstungen mit Verzierungen, die von den Wangenplatten herabhingen, ein purpurner Helm und eine Lanze. Er pries des Königs Reitkunst und seinen tadellosen Umgang mit Waffen auf dem Schlachtfeld. Am 21. März 543 stattete Totila Benedikt von Nursia, Begründer der benediktinischen Ordensregeln, in Monte Cassino einen Besuch ab. Drei Jahre später eroberte der König der Ostgoten Rom.

▼ *Am 21. März 543 stattete Totila Benedikt von Nursia, dem Begründer der benediktinischen Ordensregeln, in Monte Cassino einen Besuch ab.*

DES KAISERS REITER

BERITTENE KRIEGER IN DER KAROLINGISCHEN ARMEE

Der triumphale militärische Erfolg Karls des Großen basierte auf dem Einsatz gut ausgestatteter und hervorragend ausgebildeter Truppen. Aufgeboten wurden leicht gepanzerte Reiter und kleine Elitetruppen schwer gepanzerter Reiter. Schätzungen zufolge umfasste der berittene Teil der fränkischen Armee rund 35.000 Mann. Karl selbst entwarf detaillierte Erlasse zur Truppenerhebung und zur Ausstattung und Versorgung mit Verpflegung und Waffen.

▲ *Berittene Krieger Karls des Großen trugen konische Helme und folgten während des Feldzuges dem Verpflegungszug.*

EIN MILITÄRAPPARAT

Karl der Große war Taktiker, dennoch basierte der eigentliche Erfolg seiner Armee auf der Organisation. Der Einsatz war nur möglich, weil der militärische Apparat groß und gut organisiert war. Er konnte damit zwei oder mehr Armeen gleichzeitig auf dem Schlachtfeld befehligen.

Seine Truppen konnten sowohl an mehreren Fronten gleichzeitig kämpfen als auch weit ausholende Eroberungsfeldzüge unternehmen – jenseits des Rheins, in Italien, im entfernten Westen Britanniens und sogar in Nordspanien (obwohl dieser Feldzug in der bekannten Niederlage am Pass von Roncesvalles endete). Im Kampf waren die Truppen Karls des Großen stark genug, um sich in mehrere Gruppen aufzuteilen. Dies war eine seiner bevorzugten Taktiken – er benutzte sie 778 in Spanien, 787 in Bayern und 791 in Pannonien (eine Provinz des Römischen Reiches), um den Feind an dessen Flügeln strategisch zu umgehen und von hinten anzugreifen.

Karl der Große vermied kriegerische Aktivitäten im Winter. Meist sammelte er seine Truppen in der Osterzeit und brach in den Sommermonaten zu Feldzügen auf. Einige Male blieb er jedoch in Gebieten, die er im Winter unterjochen wollte. 776 etwa schlug er die Sachsen in Bad Lippspringe und taufte sie unter Druck. Doch sie erhoben sich gegen ihn und wiesen nahezu alle den christlichen Glauben zurück. In diesem Winter hielt er Gericht in Sachsen und führte ungewöhnlicherweise wiederkehrende Raubzüge gegen sächsische Ziele.

▼ *Ein bärtiger, majestätischer Karl der Große schlägt einen Krieger zum Ritter. Das Bild aus dem 14. Jh. spiegelt die Vorstellung des Rittertums jener Zeit wieder.*

DAS ZUSAMMENSTELLEN EINER ARMEE

Jeder Graf hatte dafür Sorge zu tragen, dass alle seine Krieger mit ihm erschienen – er durfte vier zurücklassen, die über seine Ländereien wachten und seine Frau beschützten. Auch Bischöfe und Äbte hatten militärische Dienste zu leisten, inklusive ihrer Vasallen. Ein königlicher Vasall, der vor Gericht stand, war vom Dienst befreit, er hatte jedoch dafür Sorge zu tragen, dass seine Vasallen den Dienst antraten.

Während der Herrschaft Karls des Großen wurde der selektive Dienst zur Gewohnheit: Drei Vasallen konnten sich zusammenschließen, um einen vierten auszustatten, der dann in die Schlacht zog. Einer der vielen kaiserlichen Erlasse, der 806 in Sachsen beschlossen worden war, besagte, dass fünf Sachsen gemeinsam einen sechsten ausstatten mussten, damit dieser in der geplanten Schlacht in Spanien für den König kämpfen konnte – und dass zwei einen dritten auszustatten hatten, der in Böhmen kämpfen sollte.

Die Armeen Karls des Großen waren gut versorgt, seine Feldzüge umfassend geplant. Er forderte von seinen Rittern, Vorräte für drei und Rüstungen, Kleidung und Waffen für sechs Monate mitzuführen. Der Erlass präzisierte, dass jene drei Monate erst begannen, wenn die Truppen sich sammelten und nicht schon, wenn die Krieger ihre Heimat verließen. Ganze Viehherden wurden als Verpflegungsnachschub von der Armee mitgeführt.

Während der Feldzüge in Sachsen verfügten die Truppen über genügend Vorräte, um Brücken und Befestigungsanlagen zu bauen; sie besaßen zusammenklappbare Boote, um 778 den Ebro während des spanischen Feldzuges zu überqueren und führten eine mobile Brücke mit sich, die sie 792 im Feldzug gegen die Avaren einsetzten. Als seine Truppen gleichzeitig in Ungarn und Sachsen kämpften, versuchte Karl einen Kanal zwischen Rhein und Donau auszuheben – allerdings ohne Erfolg.

▼ *Truppen Karls kämpfen in Pamplona, eine Etappe im Spanienfeldzug, die mit der Niederlage am Pass von Roncalles endete.*

▲ *Kampf unter der himmlischen Erscheinung des Kreuzes: Karls Krieger und die blanke Gewalt seiner Armee vernichteten 791 unweit der Donau die heidnischen Avaren, die selbst hervorragende Reiter waren.*

FESTUNGEN UND PLÜNDERUNGEN

In den eroberten Gebieten befahl Karl der Große den Bau permanent mit Truppen besetzter Festungen – Vorgänger der Burgen mittelalterlicher Ritter. Das Plündern feindlicher Adliger war anerkanntes Ritual. Der Feldzug gegen die Avaren von 790–791 brachte soviel Beute zusammen, dass man 15 Wagen benötigte, um sie an den Hof nach Aachen zurückzutransportieren.

Es herrschte strikte Disziplin. Trunkenheit war offiziell verboten. Es gab klare Richtlinien für jene, die den Appell versäumten. Desertieren wurde mit der kompletten Enteignung des Kriegers bestraft – anschließend wurde er hingerichtet.

AUSRÜSTUNG UND WAFFEN

Karl der Große erließ strikte Vorschriften, was die einzelnen Ausrüstungsgegenstände seiner Truppen betraf. Nach dem Edikt von 792 hatten seine berittenen Krieger eine Lanze, einen Schild, ein Langschwert und ein Kurzschwert und natürlich ein Pferd zu besitzen. 802 mussten sie zusätzlich eine Schutzrüstung beisteuern. 805 befahl er, dass jeder berittene Krieger mit mehr als 120 Hektar Land ein Kettenhemd, eine sogenannte Brünne, mitzuführen hatte. Dieser Erlass legte zudem fest, dass Krieger, die ein Kettenhemd besaßen, es aber im Krieg nicht benutzten, ihre Lehen verloren.

Der durchschnittliche berittene Krieger in den Truppen Karls des Großen besaß ein knielanges Kettenhemd, das für größere Bewegungsfreiheit seitlich geschlitzt war. Einige hatten dort einen Schuppenpanzer: einen ledernen Überwurf mit aufgenähten Metall- oder Hornstücken. Der Krieger trug einen konischen Helm und einen runden Schild mit einem Dorn in der Mitte, damit er es sowohl als Schlagwaffe als auch zur Verteidigung benutzen konnte. Er verfügte über eine lange Lanze zum Durchbohren seiner Feinde – zu jener Zeit warfen Krieger keine abgefassten Lanzen. Das Schwert hatte eine abgerundete Spitze und schnitt besser, als dass es etwas durchdrang.

ZEIT DER RUHELOSIGKEIT

DIE WEGWEISENDE ROLLE DER BERITTENEN KRIEGER IN EINER ZÜGELLOSEN WELT

In den Jahren nach 814, dem Todesjahr Karls des Großen, verlor sein Reich durch Streitigkeiten zwischen seinen Söhnen und deren Nachfahren schrittweise an Macht und Einfluss. Zur gleichen Zeit wurden seine früheren Herrschaftsgebiete von brutalen Plünderern angegriffen: Von Norden her kamen die Wikinger mit ihren Langschiffen über das Meer, von Osten fielen die Madjaren zu Pferde ein, von Süden und Westen kamen islamische Plünderer. Es war eine gesetzlose Zeit, in der es an nachhaltiger Regierungsautorität mangelte.

Klöster und Kirchen waren ebenso Ziele der Plünderer wie Paläste und bäuerliche Höfe. Sowohl Kirchenmänner als auch Lehnsherren ersuchten bei den beritten Kämpfern um Hilfe und Beistand. Dies führte zur einer ersten Idealisierung der Krieger zu Pferde als Beschützer der Kirche und des Gesetzes. Es war ein Schlüsselmoment in der Entwicklung des berittenen Kämpfers der Armee Karls, der als *Miles Christi* (Soldat Christi) angesehen wurde.

▼ *Plünderungen der Wikinger waren schwer abzuwehren, da diese per Segelschiff auftauchten und wieder verschwanden, bevor Truppen herangebracht werden konnten.*

AUFSTELLUNG DER KAVALLERIE

Ludwig der Fromme, Sohn Karls, regierte 26 Jahre lang von 814–840. Schon früh versuchte er die Frage seiner Nachfolge zu klären, doch es gelang ihm nicht. Zweimal wurde er in Palastaufständen von seinen Söhnen enttrohnt, konnte aber jedes Mal die Macht wieder an sich reißen. Nach seinem Tod kämpften seine drei Söhne untereinander um die Macht und teilten das Fränkische Reich 843 schließlich im Vertrag von Verdun in drei Teile auf.

Das frühere ostfränkische Reich wurde *Francia Orientalis* und von Ludwig dem Deutschen regiert; das westfränkische Reich wurde zu *Francia Occidentalis*, welches Karl der Kahle übernahm. Der mittlere Teil des Reichs wurde unter der Herrschaft von Lothar zu *Francia Media*. (*Francia Orientalis* und *Francia Occidentalis* wurden später die Grundlage für das heutige Frankreich beziehungsweise Deutschland.)

In diesen Auseinandersetzungen gab es erstmals berittene Truppen gegnerischer Armeen, die sich vollständig der Reiterei verschrieben hatten. Der Steigbügel war bereits weit verbreitet, aber die berittenen Krieger hatten noch keine spezielle Wurftechnik für ihre Lanzen entwickelt.

EINE NEUE KRIEGERGENERATION

Die Machtkämpfe sollten Jahrzehnte andauern. In dieser Zeit sanken Ansehen und Einfluss des königlichen Hauses zunehmend, während Madjaren und Wikinger immer wieder zuschlugen. Nachhaltigen Widerstand leisteten ortsansässige Lehnsherren, deren Macht stetig wuchs. Diese garantierten denen, die für sie kämpften, ein Lehen. So begann sich eine Elite landbesitzender Ritter-Krieger zu entwickeln.

Zwischen 792 und 793 hatte Karl der Große sowohl den König der höfischen Vasallen dazu gebracht, einen Eid der Treue schwören als auch den Vasallen diesen Eid abverlangt. Als Grafen durch Anhäufung von Ländereien an Einfluss gewannen, kämpften zunehmend Vasallen für ihre Lehnsherren gegen den König.

PLÜNDERNDE WIKINGER UND MACHTKONSOLIDIERUNG

Plünderungen durch die Wikinger waren zwischen 830 und 910 eine ständige Bedrohung der westfränkischen Ländereien. Sie fielen von der Küste und von Flüssen aus in Siedlungen ein. 840 plünderten sie Noirmoutier, Utrecht und Antwerpen und 841 zerstörten sie Rouen, 843 griffen sie

DIE SCHLACHT VON AUGSBURG

König Otto I. schickte 955 schwer gerüstete Reiter gegen die Madjaren in die Schlacht von Augsburg am Lech. Zeitgenössische Geschichtsschreiber belegen, dass Ottos Armee etwa 10.000 Krieger umfasste, während die Madjaren 50.000 Männer aufgestellt hatten. Moderne Historiker bezweifeln dies allerdings und gehen von einem Verhältnis von 1000 zu 5000 aus. Zu Beginn der Schlacht gewannen die Madjaren die Oberhand und schienen Ottos Truppen strategisch überlisten zu können. Viele waren jedoch abgesessen, um den fränkischen Gepäckzug zu plündern und Otto schickte seine Kämpfer, um diese zu töten. Die Entscheidung fiel mit disziplinierten Angriffen von Ottos Rittern, die die madjarischen Reiter überrannten und sie unbarmherzig in die Flucht schlugen – glaubt man den Geschichtsschreibern, geschah dies über zwei Tage lang. Die Madjaren waren damit vertrieben und plünderten hernach nie wieder fränkische Territorien.

▲ *Madjarische Krieger waren Experten im Kampf aus dem Hinterhalt. Sie gaben vor sich zurückzuziehen, bevor sie sich plötzlich zum Angriff umdrehten.*

Nantes an und segelten die Loire flussaufwärts. Um 850 hatten sie an Seine, Loire und Garonne Feldlager aufgeschlagen. 847, 861 und 865 griffen sie Paris an.

Fränkische Könige verließen sich bei der Abwehr dieser Angriffe auf ihre Grafen und Herzöge. Karl der Kahle, 844–870 König des Westfränkischen Reichs, erließ das Erbrecht für seine Lehnsgüter, um sich die Gefolgschaft jener heimischen Lehnsherren zu sichern, welche die Wikinger zurückgedrängt hatten. Lehnsherren, die davon profitierten, waren Balduin „Eisenarm", der seinen Namen nach der Vertreibung der Wikinger aus Flandern erhielt und 864 von Karl dem Kahlen zum Markgraf von Flandern ernannt wurde. Ebenso erging es Richard dem Justitiaren, der die Wikinger 888 in Burgund schlug und Chartres 911 aus wikingischer Besetzung befreite. Er wurde erster Markgraf Burgunds.

Die Plünderungen im Westfränkischen Reich nahmen nach dem frühen 10 Jh. ab, als Karl III. Siedlungen der Wikinger in der heutigen Normandie errichtete, um eine Pufferzone zu erhalten, die vor zukünftigen Plünderungen schützen sollte.

MADJARISCHE REITER

Die Madjaren waren kriegerische Nachfahren der Nomadenvölker aus dem Uralgebirge, die sich 830 in Ländereien niedergelassen hatten, die heute zur Ukraine gehören. Sie fielen 862 mit Plünderungen zu Pferde in die Ostfränkischen Gebiete ein.

Sie waren ausgezeichnete Reiter und Bogenschützen, die hauptsächlich mit Pfeil und Bogen kämpften, aber ebenso mit Lassos und Speeren. Sie ergossen sich quasi über eine ganze Region, plünderten diese aus und verschwanden so schnell wieder, wie sie aufgetaucht waren. Otto I., der das Ostfränkische Reich von 936–973 regierte (während dieser Zeit schon als Deutschland bekannt), beendete die Bedrohung durch die Madjaren ein für allemal 955 in der Schlacht von Augsburg (siehe Kasten).

KÄMPFE ZUR SEE

Im 9. Jh. herrschten islamische Plünderer lange Zeit über den Mittelmeerraum. Sie nahmen Bari in Italien ein, die Insel Kreta und einen Teil Siziliens. Palermo errichteten sie als kosmopolitische Stadt. Sie schufen Siedlungen im heutigen Südfrankreich, wie *Farakshanit* (Fraxinet), in der Nähe des heutigen St. Tropez, und plünderten die Rhône entlang flussaufwärts bis ins obere und untere Burgund.

Die Europäer schimpften sie Ungläubige (Menschen ohne Glauben) oder Sarazenen aus dem Arabischen *sharqiyin* (Menschen aus dem Osten). Im Süden Frankreichs verteidigten Feudalherren die heimische Bevölkerung gegen die Plünderer und erlangten dadurch zunehmende Unabhängigkeit von den fränkischen oder byzantinischen Herrschern.

ALFRED DER GROSSE UND DIE ENGLISCHE MILIZ

DAS ENGLISCHE RITTERTUM VOR DER EROBERUNG DURCH DIE NORMANNEN

Alfred von Wessex (871–899) ist einziger König der englischen Geschichte mit dem ehrenvollen Beinamen „der Große". Wie zuvor Karl der Große wurde Alfred in England erst nach seinem Tode als großer Kriegsmonarch, Reformator der Armee, Verwalter, Gesetzgeber und Erzieher verehrt. Wie Karl war auch Alfred enger Verbündeter der Kirche und Beschützer und Förderer des christlichen Glaubens gegen heidnische Feinde. Im Zeitalter des Rittertums verehrte man ihn als Pionier ritterlicher Tugenden wie Tapferkeit und Großherzigkeit – aber auch als Gesetzgeber und als inspirierendes Beispiel eines Königs und Feldherrn, der selbst dann einen Sieg errang, wenn alles verloren schien.

MILITÄRISCHE REFORMEN

871 schien das angelsächsische Reich den dänischen Wikingern ausgeliefert zu sein; eine Armee war 865 gelandet und hatte die Kontrolle über York, Nordumbrien und Ostanglien erkämpft. Alfred, damals noch Prinz, führte am 8. Januar 871 die Armeen seines Bruders König Aethelred von Wessex auf dem Höhenzug von Ashdown im Berkshire zu einem Sieg über die Dänen. Diese gruppierten sich jedoch um und errangen später wichtige Siege. Ob des Todes von Aethelred bestieg Alfred in der Zwischenzeit den Thron.

Alfred erkaufte sich den Frieden damit, dass er die Invasoren bestach. Nachdem sie das angelsächsische Königreich Mercia erobert hatten, griffen die Wikinger allerdings erneut an und drangen bis weit ins Innere von Wessex vor. Alfred schlug zurück, indem er zunächst einen Guerillakrieg von tief im Inneren der undurchdringbaren Sumpfgebiete von Somerset führte. Im folgenden Jahr errang er mit einer westsächsischen Armee in der Schlacht von Edington in der Ebene von Salisbury einen großen Sieg. Alfreds Krieger setzten den Dänen nach: Über mehr als 24 km verfolgten sie diese bis zum Feldlager der Invasoren in Chippenham, das nach einer Belagerung schließlich kapitulierte. Später befreite Alfred London von den Dänen.

Der wikingische Anführer Guthrum und seine Truppen verpflichteten sich, Wessex nicht anzugreifen, aber die Invasoren blieben in England und ließen sich im östlichen Teil des Landes zwischen den Flüssen Themse und Tees nieder. Alfred begann die Leistungsfähigkeit seiner *fyrd* (Miliz) zu verbessern. Er übernahm die Taktik der Invasoren und stockte seine Armee durch berittene Krieger auf.

◄ *König Alfred bespricht seine Schiffspläne mit Verbündeten. Die schweren Schiffe sanken bereits bei ihrem ersten Einsatz.*

▲ *Alfred ist eine große Gestalt in der Tradition englischer Gesetzgebung und in der militärischen Geschichte. Sein Gesetzbuch fußt auf den drei sächsischen Rechtsnormen.*

Zusätzlich reorganisierte Alfred die Kriegsmarine und ließ ein schwereres Boot mit 60 Riemen bauen. Er ordnete den Bau von Festungen an, die sein Königreich ringförmig umschlossen. Er erließ, dass mindestens alle 30 km von einer Siedlung entfernt eine Burg zu platzieren sei. Einige der Burgen wurden neu erbaut, andere entstanden aus alten römischen Festungen oder Anlagen aus der Eisenzeit; einige schienen als befestigte Städte angelegt.

► *Der eiserne Zeremonienhelm war die Grabbeigabe für einen angelsächsischen Anführer in Sutton Hoo in Suffolk im 7. Jh. Die Krieger waren Fußsoldaten, ihre Armeen hatten keine berittenen Einheiten.*

▲ *Beide Seiten eines silbernen Pennys, der um 880 von König Alfred eingeführt wurde.*

NOTWENDIGES WISSEN

Nach Alfreds Überzeugung waren die gewalttätigen Übergriffe der Wikinger Gottes Urteil über ein unwissendes Volk. Er sah es als seine christliche Pflicht an, die Bildung in seinem Königreich voranzutreiben. Er nahm sich wohl ein Beispiel an Karl dem Großen, als er Gelehrte an seinen Hof lud und Schulen bauen ließ. Er besaß jene Bücher, die er als „unabdingbar für einen jeden Einzelnen" bezeichnete und die vom Lateinischen in seine Muttersprache übersetzt worden waren. Er selbst lernte Latein und übersetzte die *Cura Pastoralis* (Hirtengesetz) von Papst Gregor. Er förderte die Entstehung angelsächsischer Chroniken, eine Geschichtsschreibung, die bis zu den Römern zurückreichte. Er bemühte sich um Gerechtigkeit und führte ein Gesetzbuch ein.

ALFRED UND DAS RITTERTUM

Während Alfreds Regierungszeit im 9. Jh. bildeten sich mit der Entstehung militärischer Reitereliten erste Formen des Ritterstandes auf dem europäischen Festland heraus. Diese wurden für ihre Siege mit Ländereien belohnt. In England bestanden die Truppen meist aus angelsächsischen Gefolgsmännern, Krieger, die an ihre adligen Herrn gebunden waren, die wiederum für deren Unterhalt sorgten. In Alfreds Herrschaftszeit fällt der Ursprung der Theorie, Ritter seien eigenständige Truppen, deren Existenz für eine stabile Gesellschaft unabdingbar sei. Seit den Kirchenvätern vom 1.–5. Jh. war es quasi normal für Soldaten, die rechtmäßige Aufstellung der Gesellschaft und die Dreifaltigkeit zu hinterfragen – als da waren: Geistlichkeit, Mönche und Laienstand, oder Adel, freie Männer und Sklaven. Als Teil der Bestrebungen, die Bildung seines Volkes zu verbessern, übersetzte Alfred *On Consolation* von Boethius, einem römischen Philosophen aus dem 6. Jh. Alfred fügte der Übersetzung hinzu, dass eine gute Regierung ein Land benötige, das *geberdmen, fyrdmen und weorcmen* (angelsächsisch, Männer, die beten, kämpfen und arbeiten) beherberge. Diese Theorie sollte später eine bedeutende Rolle für die Meinung der Kirche über Ritter und Ehrenkodex spielen.

DER RITTER ALFRED

Nach der Schlacht von Edington 878 zeigte sich Alfred sehr nachsichtig gegenüber den unterlegenen dänischen Truppen. Der angelsächsische Sieg folgte auf eine Zeit vezweifelter Guerillakämpfe und einem siegreichen Feldzug über das Land – man hätte verstehen können, wenn Alfred seine Feinde niedergemetzelt hätte. Man zeigte sich allerdings in jeder Hinsicht beherrscht und respektvoll.

Infolge ihrer Niederlage fanden die Wikinger, wie schon lange zuvor die Germanen unter Karl dem Großen, jedoch heraus, dass der Preis ihrer Niederlage war, dem christlichen Glauben beizutreten. Der dänische Stammesführer Guthrun wurde im Beisein Alfreds als dessen Pate getauft und danach auch von ihm persönlich aus dem Taufbecken emporgehoben. Anschließend nahm Alfred Guthrun als Adoptivsohn an. Die Fähigkeit, sich trotz eines Sieges großzügig zu erweisen und die Qualitäten der Gegner anzuerkennen, wurde zunehmend zum zentralen Kennzeichen des Ritterkampfes nach dem Ehrenkodex der Ritter. Sowohl zu seinen Lebzeiten als auch nach seinem Tod genoss Alfred bei seinen Untertanen als christlicher Krieger hohes Ansehen. Seine führenden Soldaten kämpften mit Schwertern, die ein Kreuz trugen und seine Truppen sprachen ein Gebet auf dem Schlachtfeld; im Gegensatz hierzu bezeugten Mönche, dass er in seinen Eroberungen Wert darauf legte, die Dänen als Heiden zu bezeichnen. Der wallisische Mönch Asser, der 893 Alfreds Biografie schrieb, nannte ihn den „Regenten aller Christen der britischen Insel".

► *Diese Heldenstatue König Alfreds steht in Winchester in Südengland, wo Alfred am 26. September 899 begraben wurde. Die Tatsachen über sein Leben wurden nach seinem Tode sehr schnell zu einer Legende gesponnen.*

DIE NORMANNEN KOMMEN

DIE VERBREITER DES RITTERTUMS

Die Normannen, die 1066 in England einfielen, waren Nachfahren des wikingischen Anführers Rollo oder Robert, der 911 durch König Karl III. von Westfranken zu Ländereien gekommen war. Zwischen 911 und 1066 errichteten die Nachfahren Rollos eine Feudalgesellschaft in der Normandie. Im Krieg verwendeten sie schwere Reiterei und bauten Burgen. Nach der Eroberung zwangen sie England in die Feudalherrschaft, die ihre Nachfahren später während des ersten Kreuzzuges von 1095–1096 ins Heilige Land trugen.

DIE ANKUNFT DER NORDMÄNNER

Gelehrte sind sich nach wie vor nicht einig darüber, ob Herzog Rollo ursprünglich norwegisch oder dänisch war. 886 führte er die Wikinger in eine unrühmliche Belagerung von Paris und errichtete danach eine Siedlung an der Mündung der Seine. Karl der Einfache sicherte Rollo dieses Land in einer Garantieerklärung zu, um so eine Pufferzone gegen weitere Angriffe der Wikinger zu erhalten. Ebenso wie Rollo versprach auch er, von weiteren Angriffen abzusehen. Rollo zollte Karl feudalen Respekt und nahm in einer Taufzeremonie den christlichen Namen Robert an. Robert und seine Siedler hießen ursprünglich Nordmänner oder *Norsemänner*; erst später nannte man sie Normannen. Rasch erweiterten sie ihre Ländereien. Sie zogen gen Westen und 924 erstritt Robert vom König die zentrale Normandie (Bassin Bayeux, L'Huernin und Le Mans). Roberts Sohn und Nachfolger, William Longespée (Herzog William I. der Normandie), wurden 933 seenahe Gebiete wie Avranchin (ein Gebiet in der Nähe des Mt. Saint Michel) und Contentin (der nördliche Teil der Halbinsel) übertragen.

▼ Plündernde Wikinger erreichen im späten 9. Jh. die Küste Frankreichs. Ihre kriegerische Mentalität nährte die normannische und später die ritterliche Kultur..

HERZOG RICHARD I.

William Longespée wurde 942 ermordet. In der Folge entstand ein Kampf um die Macht. Es war Richards unehelicher Sohn, der als Herzog Richard I. schließlich die Herrschaft über die Normandie an sich riss. Richard I. war bekannt als Richard *Sans Peur* (der Furchtlose). In seiner langen Regierungszeit (942–996) führte er im Land das Feudalsystem ein. Die Normandie wurde zum wohlhabenden Reich, mit Rouen als Handelszentrum. Es wurden Münzen in Russland und Schottland gefunden, die den Namen Richard I. trugen.

MILITÄRMACHT BREITET SICH AUS

Nachfolger von Richard I. war sein Sohn Herzog Richard II. (*der Gute*). Unter ihm erlangte die Normandie militärische Stärke: Viele der Lehnsvasallen waren Herzöge, deren berittene Einheiten ihm zu Diensten standen. Herzog Richard II. ging 1002 durch die Vermählung seiner Schwester Emma mit König Aethelrod eine politische Allianz mit dem englischen Königshaus ein. Dennoch gewährte er in dieser Zeit auch den dänischen Wikingern die Nutzung von Häfen in der Normandie, welche diese als Ausgangspunkt für wiederholte Plünderungen in England nutzten.

1013 fielen die Dänen in England ein und König Aethelred schickte Emmas Söhne Eduard (später bekannt als Eduard der Bekenner) und Alfred Atheling ins Exil in die Normandie. Emma verblieb in England und heiratete nach Aetheldreds Tod 1016 den dänischen König von England, Knut.

KÖNIG WILHELMS VATER

Die Nachfolge Richards II. trat Herzog Richard III. an, der ein Jahr später starb. Sein Bruder Robert II., Herzog der Normandie, folgte. Einige Quellen berichten, er hätte Richard III. ermordet – er trug aus diesem Grund manchmal den Beinamen Robert *Le Diable* (der Teufel). Er könnte mit dem legendären normannischen Ritter in Verbindung gebracht werden, der in den Geschichten des 12.–14. Jh. als des Teufels eigener Sohn dargestellt wurde und ein lasterhaftes Leben führte, bis er beim Papst um Vergebung ersuchte und Rom dreimal bei islamischen Angriffen verteidigte.

Nachdem er Heinrich I. von Frankreich militärisch unterstützt hatte, wurde Robert mit Vexin unweit von Rouen belohnt. (Seit dieser Zeit benennt die Geschichtsschreibung *Francia Occidentalis* als Frankreich und *Francia Orientalis* als Deutschland.)

Trotz seines Spitznamens *der Teufel* war Robert II. ein gläubiger Mann. Er wirkte im Einklang mit den neuen Gepflogenheiten der Abtei von Cluny als Sponsor bei der Reformierung von Klöstern in der Normandie und ging auf Wallfahrt nach Jerusalem.

▼ *Der zum König von England gekrönte Wilhelm I. schenkt Alain von Britannien Ländereien als Gegenleistung für die Zusage von militärischen Lehndiensten.*

▲ *Die Fähigkeit von Wilhelms berittenen Truppen, einen schnellen Gegenangriff zu starten, brachte 1066 in der Schlacht von Hastings die Entscheidung. Dieses Bild normannischer Reitertruppen entstammt dem Teppich von Bayeux.*

Während der Heimreise von dieser Wallfahrt verstarb er 1035 in *Nicäa* (heute Iznik in der Türkei).

HERZOG WILHELM

Robert II. hatte mit Herleva, Tochter eines Gerbers oder Einbalsamierers aus Falaise einen unehelichen Sohn namens Wilhelm. Nach dem Tod seines Vaters trat Wilhelm *le Bâtard* (der Bastard) im Alter von acht Jahren die Nachfolge als Herzog der Normandie an. Er wuchs im Hause des letzten Hofmarschalls seines Vaters, Osbern Herfaston, auf und scheint eine Erziehung in der normannischen Kriegsführung genossen zu haben, die ihn im Schwertkampf, dem berittenen Kampf und sogar Burgenbau ausbildete – wie spätere Generationen von Rittern in Ausbildung: erst als Page, dann als Schildknecht.

Herzog Wilhelms Biograf, Wilhelm von Poitiers, beschrieb den Herzog in seiner Jugend als sehr gewandt im Sattel, der seine Gegner in Angst versetzte, wenn er seine Lanze benutzte. Er wurde 1042/43 im Alter von 15 Jahren von König Heinrich I. von Frankreich zum Ritter geschlagen. Bevor er 1066 in England einfiel, hatte Wilhelm sich bereits mit Siegen in der Bretagne, Maine und Ponthieu einen Namen gemacht.

DIE FEUDALE EROBERUNG

Man könnte die Eroberung von England durch die Normannen im Jahr 1066 als einen „Feudalkrieg“ bezeichnen. Wilhelms adlige Vasallen kämpften für Titel und Ländereien, die sie bekommen sollten, falls die Eroberung erfolgreich verlaufen würde. In der Schlacht von Hastings kämpften König Haralds Truppen geschlossen in einer Fußaufstellung hinter einer Wand aus Schilden, während Wilhelms Reiter eine wichtige Rolle für den Sieg spielten: Sie griffen die Angelsachsen in jenem Moment zu Pferde an, als einige deren Krieger ihre Disziplin vergessen hatten und einem vorgespielten normannischen Rückzug nachjagten. Von Beginn der Besatzung Englands an bauten die Normannen Burgen, um die eroberten Gebiete zu befestigen, die Bevölkerung einzuschüchtern und ihr anstelle des in England bestehenden Adelssystems ihr eigenes Feudalsystem aufzuerlegen.

DIE ERSTEN RITTER

EINE AUSSERGEWÖHNLICHE BRUDERSCHAFT

In den Jahren nach der normannischen Eroberung konnte man in den Feudalgesellschaften Frankreichs, Deutschlands und im normannischen England erstmals wirklich von Rittern sprechen – Männer, die in einer Zeremonie zum Ritter geschlagen wurden, die ihnen Zugang zu einer Eliteeinheit von Kriegern gewährte. Moderne Historiker meinen, dass Soldaten, die im 9. und 10. Jh. zu Pferde gekämpft hatten, eher als berittene Krieger denn als Ritter bezeichnet werden sollten. Diese waren im sich entwickelnden Feudalsystem an die Herren gebunden, da sie militärische Dienste als Gegenleistung für Landrechte leisteten. Ein wichtiges Element des Rittertums fehlte: der Gedanke des Ritterschlags durch einen feierlichen Eintritt in die ritterliche Bruderschaft. In diesem Sinne können Alfred und Karl der Große als beachtenswerte Kriegerkönige gesehen werden, als Vorreiter des Rittertums; und genauso wie berittene Krieger, die in der schweren Kavallerie vom normannischen Herzog Richard II. kämpften, besaßen diese viele Eigenschaften von Rittern, ihnen fehlte jedoch die Mitgliedschaft in einer Bruderschaft mit ritterlichem Kodex.

▼ *Lehnsdienste wurden mit der Vergabe von Land belohnt, sodass bekannte Ritter sich mit umfangreichen Ländereien umgeben konnten.*

DER SOZIALE STATUS DER RITTER

Als Feudalsystem und Rittertum sich weiterentwickelten, etablierten sich die Ritter in einer vielschichtigen Gesellschaft als eine Schicht. Eine Schicht, zu der die Barone auf ihren großen Besitztümern zählten, aber auch ärmere berittene Krieger, die nicht zum Ritterstand zugelassen waren und den Dienst als Schildknappe leisteten. Der relative Status derer, die formal Ritter genannt wurden, war ständig in Bewegung und sah sich ständig Herausforderungen von höheren und niedrigeren Schichten ausgesetzt.

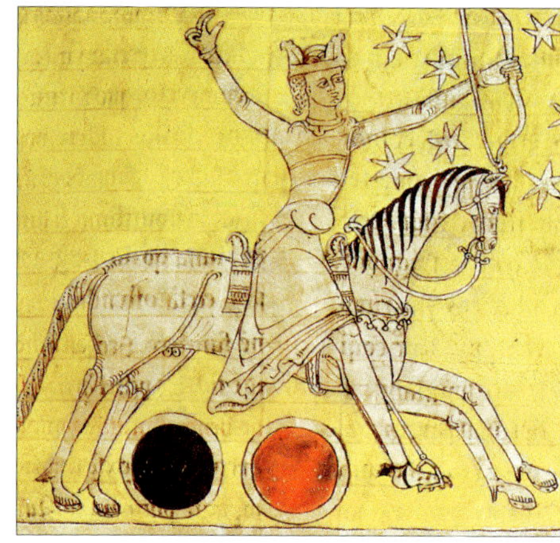

▲ *Die Kirche heiligte Gewalt im Dienste an Christus. Die Illustration aus dem 12. Jh. stellt fest: „Der gläubige Ritter zieht in die Schlacht gegen den Teufel."*

GLEICHHEIT UND EXKLUSIVITÄT

In der Theorie und nach dem ritterlichen Ehrenkodex war die Bruderschaft der Ritter eine Elite, in der alle gleichgestellt waren. Der Gedanke der Gleichheit fußte auf derjenigen der Vorgängerritter, jenen freien Männern, die Seite an Seite mit dem fränkischen König gekämpft hatten. In dieser Tradition war die Ritterschaft eine Belohnung für die Tapferen, und alle tapferen Ritter waren gleichgestellt. Nur ein Ritter konnte jemanden zum Ritter machen – aber die Ritterschaft konnte auf jeden übertragen werden, der sich des Ritterschlags als würdig erwiesen hatte.

Dennoch waren Ritter oft eine soziale Elite. Der Grund hierfür lag in den Lehen, die sie als Belohnung für ihre Militärdienste erhielten, was sie zu reichen Landbesitzern machte, die ihren Stand dazu nutzen konnten, erhebliche Ländereien in der Erbfolge weiterzugeben. Einfach ausgedrückt: Ärmere Krieger konnten sich die ritterliche Ausrüstung schlichtweg nicht leisten.

Vom frühen 12. Jh. an schlossen königliche Urteile ganze Schichten grundsätzlich vom Ritterschlag aus. Frühe Ausschlussgründe dienten dem Friedenserhalt: jedweden streitlustigen Elementen den Ritterschlag vorzuenthalten. Auch wollte man verhindern, dass Adlige durch die Massenzeremonie des Ritterschlags schnell eine Rebellenformation bilden konnten. Ein deutsches Dekret von 1152 schloss aus, dass Bauern zum Ritter geschlagen wurden, und 1140 verbot Roger II., König von Sizilien, den Ritterschlag für all jene, die verdächtig wurden, den Frieden zu gefährden.

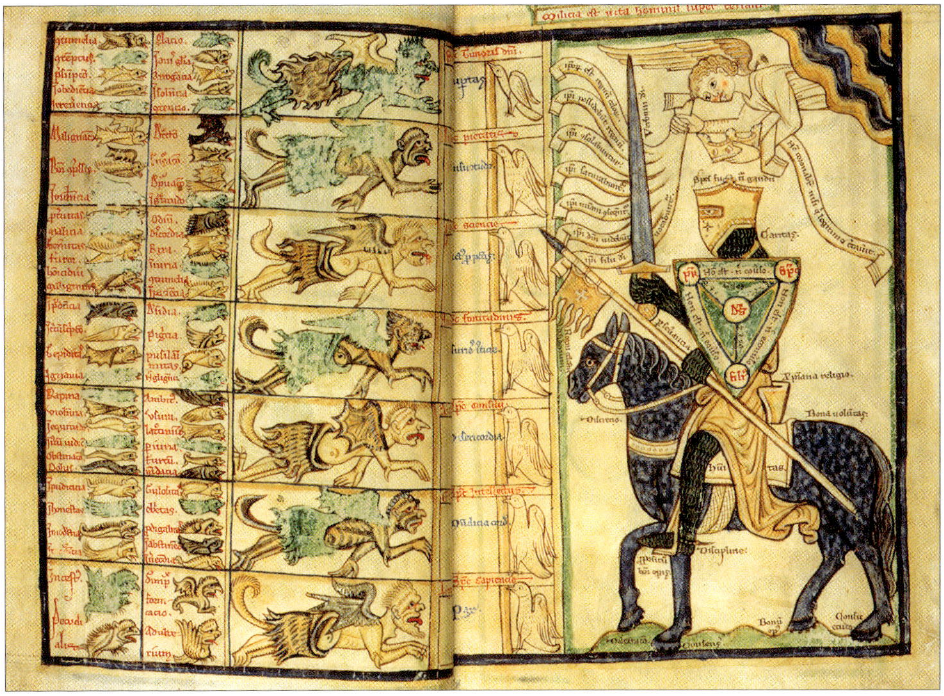

▶ *In dieser bebilderten Handschrift aus dem 12. Jh. stehen Teufel für Laster und Häresie. Indem er sein Schwert zieht, will der Ritter christliches Recht walten lassen.*

1168 verbot Friedrich I., Kaiser des Heiligen Römischen Reiches, sowohl Bauern- als auch Priestersöhnen das Rittertum. Letzteren, da Priester offiziell nicht heiraten durften, ihre Söhne unehelich waren.

VERERBTE EIGENSCHAFTEN

Schritt für Schritt entwickelte sich das Bewusstsein, dass die Eigenschaften, die einen Ritter ausmachten, nur durch Vererbung weitergegeben werden konnten: Nur die Nachfahren von Rittern konnten wiederum Ritter werden. 1235 verkündeten die Cortes von Katalonien: „Wir erlassen, dass niemand zum Ritter geschlagen werden kann, es sei denn, er ist selbst der Sohn eines Ritters."

Manchmal war die Möglichkeit oder das Recht, den Ritterschlag für diejenigen auszuführen, die nicht direkt von einem Ritter abstammten, dem König vorbehalten. Friedrich I. erklärte 1231: „Keiner, der nicht ritterlicher Abstammung ist, soll zum Ritter geschlagen werden, es sei denn mit unserer Erlaubnis." Das königliche Vorrecht konnte von Wert sein (siehe Kasten). Doch wurden Ritter in Deutschland und Frankreich nach wie vor durch andere Ritter auf dem Schlachtfeld in den Ritterstand erhoben – die Belohnung für Heldenmut.

Das Feudalsystem bescherte Rittern ein freizeitreiches Leben. Wenn sie nicht gerade im Feldzug waren, lebten sie im großen Stil in Burgen und befestigten Landhäusern, finanziell unterstützt von der harten Arbeit der Bauern auf ihren Ländereien. Ritter hatten das Recht zu jagen und zu hausieren, ihre militärischen Fähigkeiten in Turnieren zu exerzieren und sich in Literatur und Musik zu bilden. Unter diesen Rahmenbedingungen entwickelten sich die Literatur und das Ethos des Rittertums.

EINE VIELSCHICHTIGE BINDUNG

In seiner reifen Form im späten 11. Jh. – als europäische Ritter in ihren ersten Kreuzzug (1095–1099) gegen islamische Krieger zogen – war das Rittertum eine vielschichtige Bindung; eine Kombination aus Kriegerehre, sozialer Anerkennung, ethischer Herausforderung und religiöser Berufung. Ritter zu sein, war oft Zeichen wertvoller Errungenschaften, obwohl es auch ein vererbter Titel sein konnte, der Rechte auf bestimmte Ländereien mit sich brachte. Ein Ritter unterwarf sich freiwillig einem Ehrenkodex, einer Dienstpflicht und wurde von der Kirche als Verteidiger des christlichen Glaubens oder als *miles Christi* (Soldat Christi) gesegnet.

▼ *Nach ritterlicher Theorie schenkte der Ritter seine militärischen Dienste Gott. Ritter und Schwerter wurden in Kirchen gesegnet.*

KÄUFLICHER RITTERSTAND

Nachdem es gemeinhin akzeptiert war, dass Männer aus niedrigen Schichten nur durch den König in den Ritterstand gelangen konnten, gerieten einige Könige in Versuchung, Gelder einzutreiben, indem sie das Rittertum als käuflich veranschlagten. Dieses Verhalten zeigte sich besonders in Frankreich, wo König Philipp IV. (1285–1314) verkündete, er würde den Ritterschlag gegen Geld erteilen. Im Frankreich Talters konnte ein reicher Kaufmann den Ritterstatus erwerben und dies als Geldvorteil nutzen, da Ritter keine Steuern zahlten. Die Ritterschaft wurde im 14. Jh. auch von der kaiserlichen Krone in Deutschland, von Karl V., Kaiser des Heiligen Römischen Reiches von 1355–1378, und seinen späteren Nachfolgern verkauft.

KAPITEL 2

DER RITTERSCHLAG

Ein Ritter war spezialisiert auf den Kampf zu Pferd. Er war gut ausgestattet und oft sehr gut ausgebildet. Viele Ritter durchliefen eine lange und komplizierte Ausbildung in der Kunst der Kriegsführung, und die Härte ihres Trainings entfremdete sie von ihren Zeitgenossen. Obwohl es einige große Kriegsherren schafften, den Ritterstatus zu erlangen, waren Ritter doch oft eine soziale Elite von Prinzen, Magnaten oder Söhnen anderer Ritter.

Im 13. Jahrhundert konnten sich alle, die Ritter werden wollten, aus sogenannten Ritter-Handbüchern Instruktionen über gebührendes ritterliches Verhalten holen. Das bekannteste *Libre del Orde de Cavalleria* (Buch vom Ritterstand) schrieb 1265 Ramon Llull, der berühmte mallorquinische Troubadour, Philosoph, Mystiker und Missionar. Er betont, dass es von zentraler Bedeutung für Ritter sei, aus adligen Familien zu stammen, da diese bereits über Generationen eine Tradition in ritterlichen Tugenden entwickelt hätten.

Ein anderes Handbuch, das *Livre de la Chevalerie* (Buch des Rittertums) schrieb 1350 der französische Ritter Geoffroi de Charnay. Er betont die Rolle der Ritter als Wächter des Friedens und stellt sie Seite an Seite mit den Priestern. Das Rittertum (die Klasse der Ritter und bewaffneten Männer) unterstützt die durch Gottes Willen geformte soziale Struktur, indem es Gottes Repräsentanten auf Erden, dem König und den kirchlichen Instanzen, ermöglichte, Macht auszuüben und sicherzustellen, dass Gerechtigkeit walte.

▲ *Die spätmittelalterliche Burg von Bodiam in Ost-Sussex, England.*

◄ *Die Tradition verlangte von einem Schildknappen, dass er die Nachtwache in der letzten Nacht vor seinem Ritterschlag übernahm.*

WOHLWOLLEN GEWINNEN

DAS LEBEN ALS PAGE

Theoretisch wurde der Sohn eines Ritters von Geburt an als zukünftiger Ritter erzogen. Bis zu seinem siebten Lebensjahr stand er unter der Obhut seiner Mutter und der Frauen des Hauses. Dann begann die siebenjährige Ausbildung zum Pagen – zu Hause oder in einem anderen Adelshaus. Anschließend ging der junge Mann in das Haus eines Ritters, um diesem Tag und Nacht als Schildknecht zu Diensten zu sein. Zuweilen absolvierte er dann auch noch eine Zeit als *damoiseau* (Kammerdiener).

KÄMPFEN UND JAGEN

Schildknappen des Hauses unterrichteten die Pagen im Reiten, im Angriff in der *Quintana* (man ritt und versuchte dabei die Lanze ins Ziel zu stechen) sowie im Ringen, Boxen und Rennen. Die *Quintana* war eine menschenähnlich geformte Puppe, die einen Schild hielt und auf einem Stock befestigt war: Der Page musste den Schild genau in der Mitte treffen. Die Puppe schwang dann herum und der Page musste sich in Sicherheit bringen.

Pagen lernten den Umgang mit dem Schwert, ihre Hiebe waren gegen eine Attrappenrolle oder gegen einen hölzernen Pflock gerichtet. Sie wurden in Jagdtechniken ausgebildet, etwa auf Habichte und Falken und sie lernten, wie man Pfeil und Bogen handhabte. Sie erfuhren, wie man Tierkadaver für Küchenzwecke aufbereitete – z. B. einen Hirsch zerlegte.

Pagen sahen den Schildknappen zu und halfen ihnen, dabei erlernten sie, welche Pflichten sie später zu übernehmen hatten: Dienste für die Ritter im Herrenhaus, in den Zwingern und Habichtpferchen, das Anbinden von Pferden in den Stallungen oder das Säubern und Verstauen von Helmen, Rüstungen und Waffen im Zeughaus. Sie lernten, wie man bei Tisch bedient, Fleisch schneidet und Rüstungen, Waffen

GEOFFREY CHAUCER

Der englische Dichter Geoffroi Chaucer, dessen Porträts von Rittern und ihren Schildknappen in den *Canterbury Tales* berühmt wurden, war selbst Page am Hofe Elizabeth de Burghs, Gräfin von Ulster. Die Gräfin war mit Prinz Lionel, Herzog zu Clarence und Sohn König Eduard III. von England verheiratet. Chaucer diente im Hundertjährigen Krieg in Frankreich als Schildknappe unter Prinz Lionel. Er wurde während der Belagerung von Reims 1360 gefangengenommen und für eine erträgliche Summe freigekauft, der König selbst steuerte £ 16 (heute ca. 20 €) zum Lösegeld bei. Nach diesen frühen militärischen Abenteuern verbrachte Chaucer den Großteil seines Lebens als Höfling – wie viele junge Männer, die das ritterliche Erziehungsritual durchliefen, brachte er es nicht weiter als zum Schildknappen und wurde nie zum Ritter geschlagen. Chaucer war ein außerordentlich talentierter Mann. Das kann man aus seinen späteren Werken in Latein und Französisch deutlich ersehen. Der Erziehung der Pagen und Schildknappen in allen königlichen und adligen Häusern dieser Zeit lag eben ein besonders hoher Standard zugrunde.

▼ *Die Erziehung der Kinder war strikt nach Geschlechtern getrennt. Während Mädchen lernten zu spinnen, nähen oder den Haushalt zu führen, wurden Jungen in der Kriegskunst unterrichtet (Bild aus dem 15. Jh.).*

▶ *Die Pagen wurden dazu angeleitet, Schildknappen und Küchenpersonal bei Banketten zu unterstützen. Der Ehrengast im Bild ist Eduard der Bekenner.*

und Kettenpanzer in einem Fass mit Sand abreibt und auf diese Weise reinigt.

Schildknappen waren dafür zuständig, Pagen in den höfischen Künsten des Gesangs, Tanzes, im Flöten- und Harfenspiel sowie in den Sprachen Latein und Französisch zu unterrichten. Dies waren notwendige Fähigkeiten von Rittern und deshalb durften diese Bereiche in der Ausbildung nicht vernachlässigt wurden. Gesang und Literatur wurden auch vom niederen Klerus und reisenden Troubadouren gelehrt. Ein Priester vermittelte Religionskenntnisse.

ZÜCHTIGUNG

Wollten Pagen die Aufgaben nicht erfüllen, maßregelten die Schildknappen sie mit physischer Gewalt. Sie konnten so eine gewisse Willkür walten lassen und wendeten Maßregelungen häufig nur an, um sich nach ihren eigenen Erfahrungen als Pagen besser zu fühlen: Jetzt erteilten sie Anweisungen und bestraften hart.

▼ *Priester sorgten dafür, dass die Jungen neben Lesen und Schreiben auch die Grundlagen der Religion erlernten.*

Schonungsvoller gingen die Damen des Hauses mit den Pagen um. Sie erteilten Hilfe beim Schreiben, Tanzen, bei höfischen Manieren und galantem Benehmen. Sie lehrten die Pagen das Nötige rund um die Hygiene und erklärten ihnen, wie man Bärte stutzt. Die Damen spielten Schach oder andere Spiele mit ihnen.

EIN PENSIONAT FÜR PAGEN

Im Allgemeinen wurde ein Sohn in das Haus des *Suzerain* seines Vaters entsandt (dessen Herrn im Feudalsystem), um ritterliche Erziehung in der Gesellschaft der Kinder anderer Ritter zu genießen. Der Sohn eines Adligen wurde meist zur Burg eines anderen hohen Adligen oder Bischofs geschickt – Stephan von Blois zum Beispiel (der spätere König Stephan von England und Sohn eines der Heerführer des Ersten Kreuzzuges) wurde 1106 im Alter von zehn Jahren an den Hof seines Onkels, König Heinrich I. von England, geschickt.

Bekannte Kirchenmänner nahmen Prinzen und Adelssöhne in ihren Häusern auf, um ihnen eine ritterliche Erziehung angedeihen zu lassen. Thomas Becket nahm neben anderen Prinzen und Adligen benachbarter Königreiche auch Heinrich (später bekannt als „Der Junge König"), den Sohn Heinrichs II., auf. Er überwachte seine Erziehung, bis dieser zum Ritter geschlagen wurde. Vor allem aber übten die Pagen sich in Ehrenhaftigkeit – eine Tugend, die ausschließlich an einem der adligen oder königlichen Höfe erlernt werden konnte. Das lateinische Wort *curialitas* lässt sich mit Höflichkeit oder Vornehmheit übersetzen. Jenes Verhalten, welches in höchster Perfektion am Hofe, der *curia*, praktiziert wurde.

▼ *Von Pagen wurde erwartet, dass sie lernten, wie man die Pferde der Ritter und Schildknechte füttert, pflegt und besänftigt.*

DEM RITTER ZUR RECHTEN

DAS LEBEN ALS SCHILDKNECHT

Im zweiten Teil der Ausbildung folgten auf sieben Dienstjahre als Page weitere sieben oder mehr Jahre des Dienstes als Schildknappe. Normalerweise begann dieser Dienst im Alter von 14 Jahren. Es bedeutete, dass die Schildknappen ihrem Ritter in sämtlichen Belangen zu Diensten standen. Sie sorgten für dessen Wohlbefinden in seiner Burg oder in seinem Herrenhaus, auf ritterlichen Turnieren und auf dem Schlachtfeld.

Nicht alle Schildknappen vollendeten jedoch die Ritterausbildung. Es gab viele berittene Krieger, die zwar vom Pagen zum Schildknappen aufgestiegen waren, aber ihr Leben lang Schildknappe blieben, da sie niemals den formalen Ritterschlag erhielten. Viele verfügten über notwendiges Geschick, Mut, Tapferkeit und ritterliche Fähigkeiten wie ihrer ritterlichen Kollegen auch. Eine große Zahl von Nachwuchs-Schildknappen diente in den Häusern und überwachte die Erziehung der Pagen, wie es bereits im vorangegangenen Kapitel ausführlich beschrieben wurde.

▲ *Das Leben als Schildknappe erforderte Gesundheit. Übung war nötig, um den Kampf mit Schwert und Lanze zu erlernen.*

▼ *Zu den Pflichten eines Knappen gehörte, Wein und Essen bei Tisch zu servieren. Darüber hinaus mussten sie das Wasser zum Händewaschen reichen.*

ZU HAUSE

Solange ein Schildknappe die Kunst des Reitens im Dienste seines Herrn erlernte, lebte er zusammen mit seinen Kameraden in der Burg, wo sie sich die Schlafquartiere teilten. Im Bankettsaal schnitten sie Fleisch, servierten bei Festessen und kredenzten den Wein. Sie arbeiteten zudem im Schlafzimmer ihres Ritters, machten sein Bett, halfen ihm sich anzukleiden und brachten ihm seinen Schlaftrunk, den *vin de coucher*. Dem Schildknappen oblag es zudem, auf der Türschwelle seines Herrn zu nächtigen, falls dieser es forderte. Schildknappen arbeiteten bei den Tieren und hielten die Waffenkammer in Ordnung. Sie unterrichteten zudem die Pagen.

Schildknappen dienten nicht zuletzt den Damen der Burg. Es war ihnen gestattet, sich mit ihnen recht uneingeschränkt zu beschäftigen, indem sie mit ihnen Schach spielten, im Garten spazierten, oder auf Treib- oder Falkenjagd gingen. Nicht selten kam es zu Skandalen, wenn die Zusammenkünfte zu intim wurden.

▲ *Ritter, die für eine Ritterschlagzeremonie von Schildknappen angekleidet werden.*

TURNIERE UND FELDZÜGE

Wenn ein Ritter sich zum Turnier begab, begleitete ihn sein Schildknappe. Der Ritter kämpfte in der *Mêlée*, eine Nachahmung des Tumultkampfes, welche bisweilen zu Beginn eines Turniers veranstaltet wurde. Der Schildknappe hatte das Schlachtross für den Turnierkampf vorzubereiten und zur Hand zu sein, um Lanzen und andere Ausrüstungsgegenstände bereitzuhalten. Die Knappen versammelten sich hinter der Absperrung des Turnierfeldes, immer bereit, dem Ritter zu helfen, wenn dieser etwas benötigte. Zog der Ritter in die Schlacht, dienten ihm zwei Knappen gemeinsam. Sie kämpften an seiner Seite und waren dafür verantwortlich, dass er immer ausreichend Nachschub an Waffen und frischen Pferden erhielt.

Ein weiteres zentrales Moment in der Ausbildung eines Schildknappen war das Erlernen und Trainieren der Kampfkunst mit Lanzen und schweren Schwertern, die sowohl in Turnieren als auch im Kampf selbst verwendet wurden. Sie übten beispielsweise im schnellen Lauf Ziele mit ihren Lanzen zu treffen. Danach exerzierten sie dieselbe Übung in voller Rüstung. Die jungen Männer mussten gesund und stark sein, um einen Kettenpanzer zu tragen: Dieser wog etwa 22,5 kg und das gesamte Gewicht der Rüstung lag auf ihren Schultern.

Die Knappen wurden ebenfalls in anderen Gebieten des höfischen Lebens und des Rittertums ausgebildet, wie etwa in der Jagd zu Pferde und mit Habichten, im Tanz und in der Wertschätzung von Gedichten und Musik. Einige lernten sogar das Lesen. Sie erhielten Einblicke in die Geschichtsschreibung, in Bücher über die Jagd und die Ritter wie *Die Ordnung der Ritter* von Ramon Llull. Schildknappen lernten die Grundlagen der Wappenkunde – die Sprache der Heraldik, die Wissenschaft des Erkennens und Interpretierens der Farbgebung der Wappen.

EIN LEBEN LANG SCHILDKNAPPE

Wie schon erwähnt, erlangten nicht alle Schildknappen im Laufe ihres Lebens den Ritterstatus. Einige schienen Schlacht für Schlacht an der Seite ihrer Ritter zu kämpfen und blieben dennoch Knappen. Einige andere entstammten Familien, die sich weder die Zeremonie des Ritterschlags noch die Ausrüstung eines Ritters leisten konnten. Es gab viele Möglichkeiten für Männer jener Schichten, die eine ritterliche Erziehung genossen hatten, an den königlichen und adligen Höfen, als Schildknappen in der Schlacht, als Herold, oder, falls sie literarisches Talent besaßen, als Dichter oder Geschichtsschreiber. Beispiele bekannter Schriftgelehrter sind Geoffrey Chaucer, der Autor der *Canterbury Tales* und Ramon Llull, Verfasser des *Buches über den Ritterstand*.

DER RITTERSCHLAG

Die Zeremonie des Ritterschlags signalisierte das Ende der Ausbildungszeit. Knappen, die Prinzen oder Söhne hoher Adliger waren, konnten der höfischen Zeremonie des Ritterschlags mit Freude entgegenblicken. Ein Prinz wurde oftmals gemeinsam mit seinen Schildknappen-Gefährten zum Ritter geschlagen, um der Zeremonie noch mehr Glanz zu verleihen. 1306 wurde beispielsweise Eduard von Caernarfon (der spätere König Edward II. von England) in einer Zeremonie zum Ritter geschlagen, an der 276 Schildknappen beteiligt waren. Er folgte in der Vorbereitung den vorgeschriebenen Ritualen. Dazu gehörte auch das Abhalten der Nachtwache. Im Verlauf der Zeremonie schlug sein Vater ihn zum Ritter. Die Hauptzeremonie wurde im Tempel der Ritter in London abgehalten; dort waren Zelte aufgeschlagen, um der großen Gruppe von Schildknappen Unterkunft zu bieten. Nichtsdestotrotz war der Platz so überfüllt, dass zwei Ritter im Gemenge starben, einige andere in Ohnmacht fielen und sogar eine Schlägerei entstand. Es gab viele solcher Beispiele – so wie das von Ulrich von Liechtenstein, Ritter und Dichter, der als einer von 250 Schildknappen zum Ritter geschlagen wurde, als Herzog Leopold von Österreich 1222 die Hochzeit seiner Tochter feierte.

Einigen Schildknappen von bescheidener Herkunft gelang es, aufgrund ihrer Taten in den Ritterstand aufgenommen zu werden – es war nämlich möglich, auf dem Schlachtfeld zum Ritter geschlagen zu werden, hatte man eine bedeutsame Heldentat vollbracht.

▼ *Schildknappen standen dem Ritter in der Hitze des Kampfes und während des Feldzuges zur Seite.*

„ERHEBEN SIE SICH, HERR RITTER“
URSPRUNG UND ENTWICKLUNG DER RITTERSCHLAG-ZEREMONIE

Zentrales Ereignis im Leben eines Adligen war der Ritterschlag. Mit Stolz erfüllt gehörte er danach zu einer internationalen Elitegruppe, zu einer Bruderschaft von Gleichgestellten, die an den Ritterkodex gebunden waren. Wer den Ritterschlag erhielt, diente fortan Gott, der Kirche, seinem König und seinem Dienstherrn.

Ritterzeremonien entwickelten sich aus zeremoniellen Übergangsriten, die im antiken Rom u. a. von deutschen Stämmen ausgeübt wurden. Erreichte im Römischen Reich ein Junge die Altersschwelle zum Erwachsenwerden, wurde ihm die *toga virilis* ausgehändigt: eine weiße Toga, die nur Bürger des Imperiums trugen. Bei den deutschen Stämmen des 1. und 2. Jh. – so der Geschichtsschreiber Tacitus – bekam der junge Mann als Zeichen seines Erwachsenenstatus von seinem Vater, einem Verwandten oder dem Stammesführer ein Schwert und einen Schild. Das Ganze fand in einer öffentlichen Zeremonie statt.

▼ *Berichten zufolge war es normannische Tradition, dass nur Ritter andere zum Ritter schlugen; in der angelsächsischen Tradition führte ein Priester den Ritterschlag aus.*

MIT SCHWERT AUSGESTATTET

Im 8. und 9. Jh. wurde eine ähnliche Volljährigkeitszeremonie für die germanischen Prinzen und jungen adligen Herren durchgeführt: Dem jungen Mann wurde ein Schwert oder eine Schwertkoppel übergeben. Der Sohn Karls des Großen, Ludwig der Fromme, erhielt im Jahr 791 in Regensburg sein Schwert – Vorbereitung für einen militärischen Feldzug gegen die Avaren. Im späten 10. und frühen 11. Jh. wurde diese Zeremonie in Frankreich und im normannischen England genutzt, um die Erhebung eines Fußsoldaten in den Stand eines berittenen Kriegers deutlich zu machen. Der Fußsoldat erhielt in dieser Zeremonie die Ausstattung als Ritter.

Ursprünglich war die Zeremonie ein säkulares Ereignis. Das änderte sich, als die Kirche Gewalt zum obligaten Mittel erklärte, wenn sie denn zur Verteidigung der Kirche und Gottes eingesetzt würde. Als aus Rittern „Soldaten Christi“ wurden, erhielt die Ritterzeremonie eine religiöse Bedeutung. Mitte des 10. Jh, war das Segnen des Schwertes und die Ernennung zum Ritter in der Stadt Mainz Bestandteil der christlichen Messe. Das Schwert wurde auf den Altar gelegt, bevor das Heilige Evangelium verlesen wurde und der Prediger folgende sagte: „Höre, o Gott, wir beten zu Dir und bitten Dich um Deine Fürsprache. Segne, o gütiger Gott, dieses Schwert, das Dein Diener umgürten wird, damit es Kirchen, Witwen und verwaiste Kinder verteidigt und alle vor den Angriffen der Heiden schützt, segne es, damit es die Bösen in Angst und Schrecken versetzt und gerecht eingesetzt werden kann – um anzugreifen und um zu verteidigen.“ Man gürtete dann dem Ritteranwärter das Schwert um.

ZUM RITTER SCHLAGEN

Rund um die Ritterzeremonie wuchs ein umfangreiches Protokoll heran. Die Erfahrung, ein Ritter zu sein, hing von Umständen oder vorherrschenden Bräuchen ab, die in der Zeit des Rittertums variierten. Für fürstliche oder herrschaftliche Krieger spielte sich der Ritterschlag in der höfischen und religiösen Zeremonie der Investitur ab; diese fand in Anwesenheit eines Bischofs und oft durch die Hand des Königs unter den Augen adliger Standesgenossen statt. Für andere war es ein schlichtes, religiöses Ereignis im Verlauf einer Messe, während es bei Knappen häufig auf dem Schlachtfeld stattfand – in einem schlichten Akt des Ritterschlags vor dem Kampf oder hinterher als Belohnung für die Tapferkeit.

▲ *Wurde ein Knappe zum Ritter geschlagen, war es für ihn eine Sache der Ehre, seine Ritterwürdigkeit alsbald unter Beweis zu stellen.*

Zum Ritterschlag gehörte, dem Anwärter einen Hieb zu versetzen – entweder mit der Hand oder dem Schwert. In Frankreich nannte man diesen Schlag den *collée* oder *paumée* – im Englischen sprach man von einer *accolade* (Schwertleite). Das Versetzen des Schlags leitet sich womöglich aus einer Praxis im antiken Rom ab; dort klatschte bzw. schlug man Sklaven, um sie in den Stand der Freiheit zu entlassen. Es könnte

▲ *Bewaffnete Soldaten schauen zu, wie Karl der Große einen jungen Mann als Mitglied in seine Armee aufnimmt. Frühe Rituale wie diese stehen hinter der Entwicklung formaler Ritterzeremonien des Mittelalters.*

▲ *Seit dem späten 15. Jh. hatte sich die Investitur von Rittern aus den Tagen Karls des Großen hin zu einem äußerst komplexen Ritual entwickelt; es teilte sich in Abschnitte, alle mit religiösem Hintergrund.*

auch einer germanischen Tradition folgen, bei der Zeugen bei einem Vertragsabschluss eine Ohrfeige erhielten (sie sollten nicht vergessen, was sie gesehen hatten).

BEDEUTUNG DES RITTERSCHLAGS

Seit dem 11. Jh. spielte der Ritterschlag in Frankreich und England bei ritterlichen Zeremonien eine bedeutende Rolle – sowohl bei Hof als auch auf dem Schlachtfeld. In der *Angelsächsischen Chronik* von 1086 wird vermerkt, dass im selben Jahr in Whitsuntide König Wilhelm I. seinen Sohn Heinrich zum Ritter schlug. Bis Mitte des 14. Jh. fand dieser Ritterschlag nur in England und Frankreich statt, doch nach und nach wurde er Bestandteil anderer schlichter und prachtvoller Ritterzeremonien.

Historiker debattieren bis heute über die Bedeutung der Ritterschlag-Zeremonie. Sicher ist, dass der Ritterschlag den Krieger in den Stand einer Elite hob und ihm Status und Ausstattung einbrachte, die für ein Leben als Ritter nötig waren. Gleichzeitig kennzeichnete die Zeremonie oft auch die Delegierung des frischgebackenen Ritters durch einen adligen Dienstherrn, um in dessen Namen feudale Aufgaben zu erledigen. Im 11. Jh. präsentierte sich der Ritterstand als eine von Gott initiierte Gesellschaft, die als weltlicher Arm seiner Kirche für Ordnung zu sorgen hatte. Von da an waren Bischöfe bei Ritterzeremonien anwesend. Die Beteiligung der Geistlichkeit und die Schaffung eines religiösen Grundprinzips für die ritterliche Kriegsführung änderte nichts an einem Schlüsselelement des Ritterschlags: Nur ein Ritter konnte einen anderen zum Ritter schlagen. Zutritt in die Bruderschaft der Ritter konnte nur jemand gewähren, der bereits Mitglied war.

▶ *Eine der Parallelen innerhalb der Ritterzeremonien war die Praxis im 10. Jh., einen „Ritter zu machen", indem man ihm das militärische Equipment überreichte, das er für Schlacht und Turnier benötigte.*

„SEI DU EIN RITTER!"

DIE AUFNAHME IN DEN RITTERSTAND

Hinweise in Chroniken und Romanen machen deutlich, dass die einfachste Form, Ritter zu werden, auf dem Schlachtfeld stattfand – meist als unmittelbare Folge einer militärischen Leistung, mit frischem Blut auf den Waffen. Dies galt als höchste Auszeichnung. Es dürfte sich um eine sehr schlichte Zeremonie gehandelt haben – nicht mehr als ein *collée* (Schlag), begleitet von den Worten „Sei du ein Ritter!".

Ritter zu werden und eine Schlachtfeld-Zeremonie über sich ergehen zu lassen, war eine gute Möglichkeit für einen Knappen, der nur bescheidene Mittel zur Verfügung hatte. Es mussten nicht die hohen Kosten für eine Zeremonie bei Hof aufgebracht werden und trotzdem verbesserte sich die Aussicht auf einen Gewinn: Ein Ritter verdiente wesentlich mehr als ein Knappe und war weniger der Gefahr ausgesetzt, nach einer Gefangennahme getötet zu werden. Sein Status stellte sicher, dass er mit dem nötigen Respekt behandelt wurde.

AUSZEICHNUNG FÜR TAPFERKEIT

Der große bretonische Krieger Bertrand du Guesclin, der im Hundertjährigen Krieg zwischen England und Frankreich französischer Befehlshaber war, war Mitglied einer erlesenen Schar von Kriegern, die auf dem Schlachtfeld zum Ritter geschlagen wurden.

Du Guesclin diente Marschall Arnoul d'Audrehem, Leutnant des französischen Königs in der Normandie. Ausgezeichnet wurde er Ostern 1354, nachdem er einen Angriff zurückgeschlagen hatte, der vom englischen Ritter Sir Hugh Calverley angeführt wurde. Du Guesclin und der Marschall befanden sich gerade auf Erkundung in Britannien und hielten sich in der Burg Montmauson auf – 10 km von der englischen Festung Bécherel entfernt, die Sir Hugh befehligte. Beide ahnten, dass Sir Hugh einen Überfall auf die Burg anzetteln würde, um Marschall d'Audrehem gefan-

▼ *Dem Geschichtsschreiber Jean Froissart zufolge wurden in der Schlacht von Aljubarrota 1385 zwischen Portugal und Kastilien 140 kastilische und 60 portugiesische Knappen zum Ritter geschlagen.*

gen zu nehmen. Deshalb versteckte du Guesclin eine Gruppe von Bogenschützen neben der Straße von Bécherel nach Montmauron. Als der Angriff begann, hörte du Guesclin seine Bogenschützen mit den Engländern kämpfen und ritt mit dem Marschall los, um sich in die Schlacht zu stürzen. Am Ende ging Sir Hugh zu Boden und wurde gefangengenommen. Direkt danach wurde du Guesclin auf dem Schlachtfeld von Eslatre des Mares, dem Hauptmann von Caen Castle, zum Ritter geschlagen.

▲ *Die Illustration der Schlacht von Crécy aus einer Ausgabe der „Chroniken“ Froissarts aus dem 15. Jh. zeigt vorn englische Langbogenschützen. Die Schlacht wurde ein großer Sieg für die Engländer und für Eduard, den „Schwarzen Prinzen“.*

RITTERSCHLAG VOR DER SCHLACHT

Viele Knappen wurden vor Beginn einer Schlacht oder einem Feldzug zum Ritter. Das geschah vor allem aus praktischen Gründen: Ein Knappe musste zum Ritter geschlagen werden, bevor er in einer Schlacht Truppen kommandieren durfte.

Wenn die Schlacht begonnen hatte, wurden Knappen in aller Eile zum Ritter geschlagen. Wie der Geschichtsschreiber Jean Froissart (1337–1410) in seinen *Chroniken* darlegt, wurden 1338 in Vironfosse viele Knappen Ritter in der englischen Armee. „Französische und englische Truppen wurden auf dem Feld zusammengezogen, und es wurde Morgen, ohne dass etwas passierte. Um die Mittagszeit sprang ein Hase aus der Deckung der französischen Armee und rannte hin und her … Die Soldaten kreischten und lachten … Dieser Lärm wurde im hinteren Teil der englischen Armee als Kampfgeräusch gedeutet und eine Reihe von Knappen wurde an Ort und Stelle zum Ritter geschlagen.“ Der Graf von Hainault schlug 14 Schildknappen zum Ritter. Nachdem bekannt wurde, was da passiert war, nannten man diese jungen Männer nur noch die „Ritter des Hasen“.

▼ *Der bretonische Ritter Bertand du Guesclin, berühmt wegen seiner Tapferkeit, kniet vor König Karl V.*

Sir James Douglas, der schottische Ritter mit dem Beinamen *Schwarzer Douglas* – die Engländer nannten ihn wegen seiner furchteinflößenden Grenzkämpfe so – war einer der großartigen Krieger, die auf dem Schlachtfeld zum Ritter geschlagen wurden. Bei ihm geschah dies am 24. Juni 1314 in Bannockburn – vor der Schlacht.

DER SCHWARZE PRINZ IN CRÉCY

Ein anderer Ritter, der rasch seinen Wert als Krieger unter Beweis stellte, war Eduard Prinz von Wales (später als *Schwarzer Prinz* bekannt), der 16-jährige Sohn von König Eduard III. von England. Der König schlug den Prinzen 1346 zu Beginn des französischen Feldzugs zum Ritter. Am 26. August fand die Schlacht von Crécy statt. König Eduard III. ließ seinen jungen Sohn im rechten Flügel seiner Armee Aufstellung beziehen – an seiner Seite Sir Godfrey Harcourt –, während er selbst sich bei einer Windmühle in der Nähe positionierte.

Nach den *Chroniken* Froissarts waren die Kämpfe am rechten Flügel äußerst heftig, sodass Sir Harcourt nach Verstärkung rief. Doch Eduard III. verweigerte diese und sagte nur: „Lass den Jungen seine Sporen verdienen“. Eduard meinte damit, dass sein Sohn sich dem Ritterstand als würdig erweisen sollte.

Und er erwies sich als würdig. Der Prinz kämpfte und die Engländer trugen einen Sieg davon. Als die Kämpfe nach Einbruch der Dunkelheit zu Ende waren, hatten die Franzosen nicht weniger als 1542 Ritter auf dem Schlachtfeld verloren. Es war klar, dass dem Prinzen Eduard eine großartige Zukunft bevorstehen würde.

BEDEUTUNG DES RITTERSCHLAGS

DER RELIGIÖSE SYMBOLISMUS DER RITTERZEREMONIE

In seinem *Buch über den Ritterstand* (um 1350) liefert Geoffroi de Charny einen idealisierten Bericht über die Ritterzeremonie. Seine Version basiert auf einem damals bereits 100 Jahre alten französischen Gedicht, das den Titel *L'Ordre de Chevalerie* (um 1225) trägt. Es erzählt, was passieren sollte bzw. idealerweise passieren müsste, und nicht, was sich normalerweise ereignete. Die Art von Zeremonie, die hier beschrieben wird, ist reich an religiösem Symbolismus. De Charny liefert detaillierte Erklärung darüber, was die einzelnen Bestandteile des Rituals bedeuten.

EINKEHR UND VORBEREITUNG

Nach de Charny erwartete man, dass ein Knappe sich darauf vorbereitete, bevor er sich der Gemeinschaft von Rittern anschloss. Vorbereiten meint Bekennung der Sünden und Empfang der Kommunion. Am Tag vor der Zeremonie musste der Knappe ein Bad nehmen und sich dann in das frisch gemachte Bett mit einem absolut weißen Laken legen. Zu gegebener Stunde betraten Ritter das Schlafzimmer des Knappen, um ihn in neues weißes Leinen, ein scharlachrotes Gewand und schwarze Strümpfe zu kleiden; dazu gab es einen weißen Gürtel und einen scharlachroten Mantel. Danach begleiteten ihn die Ritter in die Kirche, in der er in einsamer Wache die Nacht verbringen musste.

Am nächsten Morgen begleiteten ihn die Ritter zur Messe. Der Knappe bat hier um die göttliche Gnade, ihn bereit für die Ritterschaft zu machen. Nach der Messe wurde er zum Ritter geleitet, der ihn in den Rittertstand erheben würde. Dieser Ritter legte dem Knappen vergoldete Sporen an die Füße, legte ihm Gürtel und Schwert um und küsste ihn, um die Würde der Ritterschaft zu bezeugen. Dann schlug er den Knappen zum Ritter, indem er die *Accolade* oder *Collée* auf dessen Schulter vollzog.

Das *Buch über den Ritterstand* erklärt die ganze Ritterzeremonie. Wenn demnach der Knappe am Tag vor der Zeremonie ein Bad nimmt, wäscht er die angesammelten Sünden seines Lebens fort, um sich mit reinem Bewusstsein zu erheben. Ruht er danach im frisch gemachten Bett mit weißen Laken, symbolisiert dies das tiefe Gefühl von Frieden, das erwächst, wenn das Bewusstsein rein ist, weil Gott ihm alles vergeben hat. Zieht man ihm neue weiße Kleidung an, steht das für seine Tugendhaftigkeit; das scharlachrote Gewand dagegen steht für das Blut, das er bereit sein muss zu opfern, um Christentum und Kirche zu verteidigen. Die schwarzen Strümpfe werden mit Erde assoziiert, aus der der Knappe stammt und zu der er zurückkehren wird. Er ist gefordert, sich von Stolz und Prahlerei fernzuhalten. Sei weißer Gürtel steht für die Keuschheit und sein scharlachroter Mantel ist ein traditionelles Zeichen für Demut.

▼ *Der englische König Eduard III. sieht zu, wie Eduard, der Schwarze Prinz, 1348 vom adligen Hosenbandorden als Ritter ausgestattet wird. Die Mitglieder trugen in Schlachten oder Turnieren das Strumpfband als Ehrabzeichen auf ihrer Rüstung.*

So angekleidet, hält der Ritteranwärter eine Nachtwache – Symbol dafür, dass er stets aufmerksam sein und sich von dem Bösen lossagen soll. Bekommt er im Rahmen des Ritterschlags eine goldene Spore, heißt das, dass er niemals begehrlich sein soll; Gold ist das kostbarste und begehrlichste Metall, aber der Ritter trägt es an seinem Fuß und nicht auf dem Kopf oder in der Nähe seines Herzens. Wird ihm das Schwert umgelegt, soll ausgedrückt werden, dass er Gerechtigkeit und Wahrheit hochhalten muss, um den christlichen Glauben und die christliche Kirche zu verteidigen. Schließlich erhält der Knappe einen Kuss – als Zeichen für Frieden, Loyalität und Liebe. Die *Accolade* (der Hieb auf die Schulter) bedeutet, dass er fortan in Übereinstimmung mit den Gesetzen des Ritterstandes zu leben hat.

RITTER-SYMBOLIK IM „L'ORDRE DE CHEVALERIE"

Das anonyme französische Gedicht, das de Charny die Grundlage für seinen begeisternden Bericht lieferte, beschreibt eine fiktive Begegnung zwischen einem christlichen Ritter und dem muslimischen Krieger und General Saladin, der 1187 Jerusalem eroberte und im 3. Kreuzzug (1189–1192) gegen Richard I. von England kämpfte: Der christliche Ritter Hue de Tabarie wird von Saladin gefangengenommen. Als Nicht-Christ kennt er sich mit den Ritterzeremonien nicht aus. Saladin bietet an, Hue freizulassen, wenn dieser ihm die Bedeutung des Rittertums erklärt und ihn anschließend zum Ritter macht. Hue will sich auf diesen Handel nicht einlassen, denn er weiß, dass Saladin nie Ritter werden kann, weil er den christlichen Glauben nicht akzeptiert. Doch als Gefangener hat er nicht wirklich die Wahl.

Hue de Tabarie schneidet Saladin Haar und Bart und führt ihn wie im *Buch über den Ritterstand* zum Bad, was in Saladins Fall als christliche Taufe interpretiert wird.

► *Der größte muslimische Feind der Kreuzzügler, Saladin, strahlte soviel Großmut und Ritterlichkeit aus, dass er als „Sarazenen-Ritter" bejubelt wurde. Er soll 1167 von Humphrey III. von Toron zum Ritter geschlagen worden sein.*

Danach geleitet Hue Saladin zu einem prachtvollen Bett, was für den Platz im Paradies steht, den jeder wahre Ritter einst erhalten wird; dann kleidet er Saladin in eine weiße und eine rote Robe – erneut ein Ausdruck dafür, dass er willens ist, im Ritterkampf Blut zu vergießen. Schließlich legt er ihm Gürtel und Schwert um, doch dann hört Hue auf: Den Ritterschlag kann er ihm nicht geben, weil er Gefangener ist.

SYMBOLIK DER RITTERLICHEN AUSSTATTUNG

Ritterrituale entwickelten sich aus einfachen Zeremonien, in denen man jungen Männern die Ausstattung überreichte, die sie als Krieger oder Ritter zu Pferd benötigten. In der Ritterliteratur war der Symbolismus auch mit dem Equipment, das ein Ritter besaß, verbunden. Im französischen Ritterroman *Lancelot* (ca. 1225) wird Artus-Ritter Sir Lancelot von Lady of the Lake in den Symbolismus seiner Rüstung eingewiesen. Sie erzählt ihm, die Rüstung symbolisiere verschiedene Aspekte der Pflicht, die er der Kirche gegenüber schuldig sei. Sein Kettenhemd schütze seinen Körper so, wie er die Kirche zu verteidigen habe; sein Helm bedecke seinen Kopf und stehe dafür, wie er die Kirche bewachen solle; und seine Lanze, die er fachmännisch handhaben und die niederträchtige Menschen in Angst und Schrecken versetzen solle, sei mit der Kraft gleichzusetzen, mit der er den Feinden der Kirche begegnen müsse. Sein mächtiges Schwert besitze zwei Schneiden und stehe dafür, dass er Gott und den Menschen dienen solle, und die Spitze seines Schwerts zeige an, dass die Menschen ihm gehorchen und seine Führung anerkennen sollen. Sein Pferd sei ein Symbol für die Menschen, die ihn unterstützen und seiner Leitung folgen, genauso wie ein Pferd die Richtung seines Reiters einschlägt.

▼ *Für König Franz I. von Frankreich war es eine Ehre, dass der französische Ritter Pierre du Terrail, Ordensritter von Bayard, ihn zum Ritter schlug. Die idealisierte Darstellung lässt das Ereignis durch einem Strahl himmlischen Lichtes segnen.*

„HARRY HOTSPUR" (HEISSSPORN)

SIR HENRY PERCY

Sir Henry Percy war wahrscheinlich der bedeutendste Ritter im späten 14. Jh.; seine schnellen Bewegungen und sein Wille zum Angriff brachten ihm bei seinen schottischen Feinden den Spitznamen „Hotspur" ein. Für die englischen Könige Richard II. und Heinrich IV. war ein wertvoller Diener und vertrauenswürdiger Militärführer, obwohl er letztlich gegen beide rebellierte. Für seine ritterlichen Fähigkeiten wurde er gefeiert – sowohl in Turnieren als auch auf dem Schlachtfeld. Der Geschichtsschreiber Jean Froissart stellte fest, dass Hotspur „Heldentaten über alles stellte und an der Grenze immer einer der Ersten war".

WUNDERKIND

Geboren wurde er 1364 in Alnwick Castle, Northumberland, als Sohn eines weiteren Henry Percy, 1. Earl von Northumberland, und dessen Ehefrau Margaret, die der stolzen Neville-Familie aus Raby entstammte.

▼ *Hotspur war Held in der Schlacht von Otterburn 1388. Die zweitäfelige Illustration gehört zur Reihe von Schlachtbeschreibungen „But Persie wi his guide braid sword" des Dichters Robert Burns.*

SIR HENRY PERCY
Geboren: 20. Mai 1364
Gestorben: 21. Juli 1403
Ritterschlag: 1377
Berühmt für: Siege über die Schotten an Englands Nordgrenze
Größte Leistung: Sieg in der Schlacht von Homoldon Hill 1402

Im Gegensatz zur üblichen Praxis wurde Hotspur 1377 mit gerade einmal 13 Jahren von König Eduard III. zum Ritter geschlagen. Bereits im Alter von 14 Jahren kämpfte er an der Seite seines Vaters für die Rückgabe von Berwick Castle von den Schotten.

1379 heiratete Hotspur Elisabeth Mortimer, Tochter von Edmund Mortimer, 3. Earl von March, und 1380 nahm er mit seinem Schwiegervater an einem Feldzug in Irland teil. 1383 nahm Hotspur an einem Kreuzzug in Preußen gegen heidnische Litauer teil – zu dieser Zeit organisierte der Deutschherrenorden für den europäischen Adel Kreuzzugreisen nach Preußen und in die baltische Region.

SCHOTTENPLAGE

1385 übertrug König Richard II. von England Hotspur die Aufsicht über die Ostmark Schottlands, wo er schottische Gangster kontrollieren sollte. Im selben Jahr begleitete Hotspur die königliche Armee nach Schottland. 1386 sandte Richard ihn nach Calais, Frankreich, wo er der englischen Garnison zu Hilfe eilen sollte. Man erwartete einen Angriff der Franzosen. Solange sich Hotspur dort aufhielt, führte er Angriffe in der Picardie an.

1388 wurde Hotspur zum Ritter des Hosenbandordens und kehrte zur schottischen Grenze zurück. In diesem Jahr ritt er in Schottland ein und bekämpfte James Douglas, zweiter Earl of Douglas, in der Schlacht von Otterburn. Der Kampf fand nachts im Mondschein statt und wurde vom Chronisten Froissart als die wohl härteste Schlacht gefeiert, die es je gegeben hätte. Douglas wurde getötet, Hotspur gefangengenommen. Der Großteil seiner Ablösesumme war aus königlichen Mitteln.

Hotspurs Ruf als Ritter wuchs. Er nahm an Ritterturnieren teil und errang Bewunderung für seine Auftritte auf Turnierplätzen – vor allem bei den Tjosts (Zweikämpfen) von St. Inglevert, die 1390 unweit von Calais stattfanden, und 1396 in Smithfield, London, bei der Hochzeitsfeier Richard II. mit Isabella von Frankreich. Er wurde 1394–1396 vom König mit diplomatischen Missionen auf Zypern, im Herzogtum Aquitanien und in Calais betraut, und im Jahr 1396 wurde er erneut mit der Kontrolle der Ostmark beauftragt.

REBELLISCHER RITTER

Trotz so viel königlicher Gunst wandte sich Hotspur gegen Richard II. und schlug sich auf die Seite dessen Gegners Henry Bolingbroke. Hotspur und sein Vater mögen gedacht haben, dass Richard ihre Autorität in der Grenzregion untergraben wollte, da der König die Stadt Berwick ihrem Herrschaftsbereich entzog. Vielleicht waren

▶ *Hotspurs Geburtsstätte Almwick Castle wurde im späten 11. Jh. errichtet, um Englands nördliche Grenze zu Schottland zu schützen. Die Percy-Familie erwarb die Burg 1309. Sie ist noch in Familienbesitz.*

sie auch davon überzeugt, der König hätte in seinem Feldzug gegen den Herzog von Gloucester, dessen Neffen Henry Bolingbroke und den Grafen von Arundel und Warwick tyrannisch gehandelt. Als 1399 Bolingbroke aus seinem Exil zurückkehrte, in das Richard ihn gejagt hatte, traf sich Hotspur mit Henry in Doncaster und bot ihm seine Unterstützung an.

Nachdem er König Henry (Heinrich) IV. geworden war, erwies sich Bolingbroke Hotspur gegenüber als sehr freimütig. Er ernannte ihn zum Schultheiß von Northumberland, zum Lord von Bamburg und zum Justiziar von Nordwales und Chester; darüber hinaus bekam er erneut die Kontrolle über die Ostmark. Die Stellung in Wales brachte ihm die Kontrolle der großen Burgen von Beaumaris, Caernarfon, Chester, Conway und Flint ein. 1401 bewies Hotspur erneut seine Tapferkeit, als er Conway Castle einnahm, das an walisische Rebellen gefallen war. Ein Jahr später verprügelte er die Schotten in der Schlacht von Homildon Hill und nahm adlige Lords gefangen, wie Archibald, Graf von Douglas.

▼ *Hotspur war bedeutender Armeebefehlshaber und ausgezeichnet im Sattel. Jedoch bewies er wenig Loyalität und rebellierte gegen die Könige – 1399 gegen Richard II. und 1403 gegen Heinrich IV. Hier sein Abbild an der Wells-Kathedrale, Somerset.*

GETÖTET IN SHREWSBURY

Als Folge seines Erfolgs rebellierte er gegen Heinrich IV. und klagte ihn an, tyrannisch zu regieren und seine Zusagen nicht einzuhalten. Hotspur hatte sich über einige königliche Entscheidungen geärgert, die er als persönliche Kränkung empfand. Dazu gehörte auch Heinrichs Einsetzung eines Militärkommandos in Wales. Ein offener Konflikt war die Folge. Hotspur führte sein Rebellenheer nach Shrewsbury. Dort stand er vor einer großen, königlichen Armee, die der König höchstpersönlich anführte. In der Schlacht, die am 21. Juli 1403 folgte, wurde Hotspur getötet – angeblich wurde er, als er das Visier seines Helmes öffnete, um etwas Luft zu schnappen, von einem Pfeil in den Mund getroffen. Als das Rebellenheer sah, wie ihr stolzer Anführer starb, traten die Krieger die Flucht an.

Trotz der vorangegangenen Rebellion brach König Heinrich in Tränen aus, als er die Leiche seines ehemaligen Kameraden sah. Er ordnete an, dass Hotspur in Whitchurch in Shropshire beerdigt werden sollte, doch er ließ ihn danach exhumieren. Heinrich wollte mit der Zurschaustellung des Körpers Gerüchten entgegentreten, dass Hotspur noch leben würde; gleichzeitig wollte er ein Exempel statuieren, wie es einem Feind des Königs ergehen könnte. Er stellte Hotspurs Leiche – gelagert auf zwei Mühlsteinen – auf dem Markt von Shrewsbury aus; danach wurde Hotspurs Körper gevierteilt und jeweils ein Stück in eine Ecke des Königreichs gesandt. Der Kopf des ehemaligen Ritters wurde am Stadttor von York aufgespießt.

SHAKESPEARES HOTSPUR

Hotspur sollte weiteren Generationen in lebhafter Erinnerung bleiben. Shakespeare verhalf ihm im historischen Schauspiel *Heinrich IV. Teil 1* zu neuem Leben. Im Drama dient Harry Hotspur als Gegenbild des Prinzen Harry, dem Sohn des Königs (später Heinrich V.). Während der Prinz ein liederliches Leben in Gesellschaft von John Falstaff führt, heimst Hotspur militärischen Ruhm ein. Am Ende besiegt Harry den zum Verräter gewordenen Hotspur.

WIE EIN RITTER ZU SEIN HAT

ANLEITUNGEN FÜR DEN RITTERSTAND

Im 14. und 15. Jh. wurden überall an europäischen Höfen Ritter-Handbücher gelesen, etwa Ramon Llulls Buch *Über den Ritterorden*. 1265 in katalanischer Sprache auf Mallorca verfasst, wurde Llulls Werk übersetzt, und in Frankreich, Schottland und London erschienene Ausgaben haben überlebt. Als Letztes eine Übersetzung des englischen Buchdruckers William Caxton, die 1484 gedruckt wurde, ein Jahr, nachdem er die zweite Auflage von Geoffrey Chaucers *The Canterbury Tales* und ein Jahr, bevor er *Le Morte d'Arthur* von Sir Thomas Malory auf den Markt brachte.

Das Buch über den Ritterstand beschreibt eine Begegnung zwischen einem Einsiedler und einem Knappen im Wald: Der Eremit war einst ein großer und weiser Ritter gewesen, der auf eine lange, erfolgreiche Karriere zurückblickte. Viele Schlachten hatte er siegreich führen können und auf Turnieren waren seine Fähigkeiten für Könige, Prinzen und deren

▲ *Wie der Eremit im Buch über den Ritterorden verbrachte auch der Artus-Ritter Sir Lancelot einen Großteil seines Lebens ländlich zurückgezogen. Lancelot wurde umsorgt von der Lady of the Lake.*

Ehefrauen ein großes Vergnügen gewesen. Oft hatte der Einsiedler für die Ritterehre sein Leben riskiert und in all seinen Handlungen hatte er stets seine Weisheit und seinen edlen Charakter sowie Mut und Kraft bewiesen. Am Ende der Ritterlaufbahn spürte er, wie seine körperliche Kraft nachließ. Und statt nur noch ein schwaches Bild eines Ritters abzugeben, hatte er sich entschieden, sich in den Wald zurückzuziehen. Ein junger Knappe ritt derweil auf seinem Weg zum Königshof ganz in der Nähe durch den Wald. Sein Geist war müde und er schlief im Sattel ein; sein Pferd wandte sich vom Weg ab und begab sich in die Tiefe des Waldes. Und erreichte schließlich das Waldstück des Einsiedlers.

RAMON LLULL

Ramon Llull, Autor des Buches *Über den Ritterorden* war ein bemerkenswerter Mann mit herausragenden Talenten. Er wurde als Philosoph und Mystiker gefeiert, als Dichter und als Autor der Novelle *Blanquerna* (1284), das erste bedeutende literarische Werk in katalanischer Sprache. Doch wichtig sind seine Werke *Ars inveniendi veritas* und *Ars Magna*. Im Mittelpunkt seines Denkens steht sein Vorsatz, „das beste Buch der Welt" zu schreiben, mit dessen Hilfe es gelingen sollte, Nichtchristen gewaltlos und mit rational einsehbaren Argumenten von der Wahrheit des Christentums zu überzeugen. Seine kombinatorische Methode, mit der er nach Art einer „Denkmaschine" solche Argumente konstruierte, hat von Cusanus bis Gottfried Leibniz bedeutende Denker der Renaissance und der Neuzeit beeinflusst. Geboren in Ciutat auf Mallorca (Palma) im Jahr 1232 als Sohn eines katalanischen Ritters, genoss Llull eine ritterliche Erziehung als Page und Knappe am königlichen Hof Mallorcas. Er heiratete und im Alter von etwa 30 Jahren hatte er fünf Visionen vom gekreuzigten Christus. Diese inspirierten ihn, sein Leben zu ändern und sich den Franziskanern anzuschließen. Später missionierte er Muslime in Nordafrika und Kleinasien. Er besuchte Nordafrika dreimal und kundschaftete die Möglichkeiten für einen Kreuzzug aus. Der Legende nach soll er von einem wütenden Muslime in Bejaia (Bougie) gesteinigt worden sein. Vielleicht starb er auch 1315 auf der Heimreise von Tunis nach Mallorca.

VERTEIDIGER DER EHRE

Als die zwei aufeinandertrafen und ihre Standpunkte erklärten, bot der Eremit an, den Knappen zu unterrichten. Er wollte ihn alles lehren, was er über das Ritterleben wissen wollte. Er übergab dem Knappen die Kopie eines Buches, in dem all seine Weisheit nachzulesen war.

Das Buch erklärt, dass vor langer Zeit Ritter aus dem gemeinen Volk – jeweils einer unter 1000 – ausgewählt wurden, um für die Gerechtigkeit zu kämpfen. Ihre Pferde bekamen sie nicht wegen der Schönheit der Tiere, sondern um ihren Dienst leisten zu können. Und man liest weiter, dass der Ritter einem ganz besonderen Orden angehört, dass er in der Hierarchie über den Menschen und unter dem Prinzen, dem er wie Gott dienen müsse, steht. Die wichtigsten Pflichten eines Ritters bestehen danach darin, die Ehre des Prinzen und die der Kirche zu verteidigen und Gerechtigkeit walten zu lassen. Es ist richtig, so das Buch, dass Ritter das einfache Volk in Angst versetzen soll, weil die Furcht verhindere, dass die Menschen etwas Falsches tun. Gleichzeitig sollen Ritter als besonders vertrauenswürdig gelten.

▼ *Ritterhandbücher legten fest, wie sich Ritter Armen gegenüber – die Schutz benötigten – zu verhalten hatten.*

▲ *Eine Jagd-Party unweit einer Burg. Von Rittern erwartete man, dass sie für die Jagd ausgebildet waren.*

RITTERLICHES KÖNNEN

Ritter mussten unterichtet werden und essenzielle ritterliche Fertigkeiten üben. Dazu gehörten Reiten, Zweikampf, der Umgang mit dem Schwert, die Jagd von Löwen, Bären, Hirschen und Hasen. Derartige Aktivitäten waren für einen Ritter von Bedeutung, weil sie ihn fit hielten, um seine ritterlichen Pflichten erfüllen zu können. Ein Ritter, der die Praxis ritterlicher Fertigkeiten verschmäht, ist einer, der das Rittertum insgesamt gering schätzt.

FREIGEBIGKEIT UND ZUVORKOMMEN

Andere Anleitungen für ritterliches Verhalten sind im *Buch über das Rittertum* von Geoffroi de Charney und im anonymen Gedicht *Roman des Eles* aus dem 13. Jh. zu finden. Das Gedicht führt an, dass ritterliches Zuvorkommen sich von Gott ableite und im Besitz des Ritterstandes befinde. Das Gedicht nennt zwei Schlüssel: Freigiebigkeit und Zuvorkommenheit. Alle Ritter sollten danach in der Lage seien, Freigiebigkeit zu demonstrieren, sie sollten freiherzig abgeben – mutig und sorglos. Ritter sollten ihr Zuvorkommen beweisen, indem sie niemals Überheblichkeit, Neid, Beleidigungen und Habgier an den Tag legten. Nicht zuletzt sollten sie Gefallen an Musik und Liedern finden und der Kirche dienen.

De Charny richtet sich in erster Linie an Fußsoldaten, eine Gruppe von Rittersoldaten, die von den Rittern zu unterscheiden ist, zu denen er selbst gehörte. De Charny wurde einer der bekanntesten Ritter Frankreichs und diente König Johann II. Er war Mitglied des Ordens des Sterns und durfte in der Schlacht die Reichsfahne *Oriflamme* tragen. In seinem Buch betont er, dass Rittersoldaten zeitlebens strebsam sein sollten; selbst der Bedeutende müsse danach streben, bemerkenswerte Taten zu vollbringen. Die Motivation dafür könne das Feuer der Minne sein. Ritter sollten ihre Frauen anbeten und das Begehren ihrer Zuneigung sollte sie zu großartigen Taten anstacheln.

KAPITEL 3

DER RITTER ZU HAUSE

Führte ein Ritter nicht gerade Krieg, lebte er in einer Burg. War er ein gewichtiger Lord, besaß er eine eigene Burg; gehörte er nicht zur adligen Elite, diente er in der Burg seines Feudalherrn. In Friedenszeiten genoss er anstrengende Freizeitvergnügen wie die Jagd oder das Kämpfen auf Turnieren. So blieb er körperlich fit, und das musste er für den Fall einer Schlacht auch sein. Die Klasse, der er angehörte, war der Ritterstand. Gestützt wurde dieser durch die Arbeit der Landbevölkerung, die Ländereien oder den feudalen Grundbesitz bewirtschaftete und dafür sorgte, dass ausreichend Wild da war, schließlich wollten die Ritter jagen. Ritter hatten deshalb sehr viel Freizeit, in der sie die Lieder reisender Dichter genießen konnten. Allerdings hatten sie auch in Friedenszeiten einige andere Pflichten, denen sie nachkommen mussten. Die Rolle des Ritters in Friedenszeit änderte sich, als der Feudalimus sich entwickelte. Anfangs war er ein berittener Soldat und kaum mehr. Herrschte Frieden, musste er – falls erforderlich – losreiten, um die Interessen seines Dienstherrn wahrzunehmen und zu schützen. Ein Ritter hatte die Pflicht, seinen feudalen Bezirk zu verwalten und zu regieren, doch diese Arbeit übernahm für gewöhnlich ein Verwalter oder Landvogt. In späteren Jahren hatten die Senior-Ritter und Burgbesitzer zusätzliche Pflichten in der Gesetzgebung und Schiedssprechung. Häufig waren sie als lokale Richter tätig, besonders in England und Deutschland, und nicht selten hatten sie für Frieden außerhalb ihres Bereiches zu sorgen.

▲ *Bankette bei Hof sollten mit der Fülle an Essen und Trinken vor allem eines – beeindrucken.*

◀ *Heim und feudales Bollwerk – die Burg eines Adligen dominierte kilometerweit die Landschaft. Burg Pontefract im Westen Yorkshires wurde um 1070 erbaut. John of Gaunt ließ sie prachtvoll ausbauen – die Bühne für den Mörder König Richard II.*

EIN FEUDALHERR AUF SEINEM RITTERGUT

RECHTE UND PFLICHTEN EINES RITTERS ZU HAUSE

Das Rittertum brachte nicht automatisch einen riesigen Besitz mit sich. Einige Ritter besaßen kleine Landgüter – zu klein, um sie adäquat unterhalten zu können. Deshalb nutzten sie ihre militärische Praxis und ihr Können, um ihr Leben mit Turnieren und Schlachten zu bestreiten. Idealerweise jedoch war ein Ritter Oberhaupt eines größeren Landguts.

▲ *Landarbeiter bauen auf dem Gebiet ihres Dienstherrn einen Zaun; im Hintergrund pflügt ein Arbeiter ein Feld.*

DER ADEL DER LORDSCHAFT

Ein bedeutender Ritter war ein Lord, ein Feudalherr, der auf großem Fuß lebte und viele Gefolgsleute besaß. Das wurde in der ritterlichen Welt als angemessen erachtet. Ramon Llull schrieb in seinem *Buch über den Ritterorden*, dass ein Ritter „Oberhaupt vieler Gefolgsleute sein sollte, wie es sich für eine adlige Grundherrschaft gehört". Ein Feudalherr wäre stolz, Gefolgsleute mit dem Wappen auf der Kleidung zu sehen. Je größer der Haushalt, desto größer die Pracht.

Mittelalterliche Philosophen sahen eine Unterteilung der feudalen Gesellschaft in drei Stände oder Schichten: Die Kirche stellte den ersten Stand dar; Adel, Ritter und Feudalherren, die feudalen Besitz hatten, bildeten den zweiten Stand; die Landbevölkerung gehörte dem dritten Stand an. Es war von Gott gewollt, dass Mitglieder des dritten Standes arbeiten mussten, um die anderen beiden Stände zu unterhalten. Eine andere Vorstellung wurde von Juristen im Spätmittelalter entwickelt. Danach war die Gesellschaft wie eine Pyramide aufgebaut, ganz unten die Landbevölkerung, darüber Kirchenleute und Ritter ganz oben an der Spitze neben dem König. Über dem König stand nur noch Gott. Diese soziale Struktur wäre von Gott gewollt.

▼ *Die Eingangshalle einer Burg war zentraler öffentlicher Raum. Dort aß der Dienstherr, er hielt Gericht und bewirtete er Gäste.*

FEUDALE STRUKTUREN

Im System, das die Normannen in England einführten, und das in West- und Mitteleuropa verbreitet war, nannte man die ritterliche, feudalen Länderein Rittergüter; in Frankreich sprach man auch von *Seigneurie*. Der Feudalherr (*Seigneur*) besaß innerhalb seiner Länderein gesetzgeberische und wirtschaftliche Macht.

Zu einem Rittergut gehörte meist eine Ortschaft und kulturfähiges Land sowie Weiden, die in Streifen von Pächtern bewirtschaftet wurden. Ein Teil des Landes gehörte dem Feudalherrn und ein anderer Teil konnte von den Pächtern für sich genutzt werden. Die Landarbeiter mussten also das Land des Feudalherrn beackern und darüber hinaus „Steuern" zahlen –

meist einen Teil der Erträge ihres eigenen Landstückes an ihn abgeben. Der Feudalherr war seinen Pächtern gegenüber in der Pflicht und war verantwortlich für sie. Sein Rittergut bildete eine autarke Gesellschaft.

VORNEHMER HAUSHALT

Seit dem 12. Jh. gehörten zu einem führenden Ritterhaushalt eine Reihe administrativer Ämter. Der Truchsess war Aufseher über die fürstliche Tafel und der Vorsteher der Hofhaltung, der Diener kümmerte sich um die Vorräte. Der Kämmerer betreute die Privatgemächer seines Herrn, dabei unterstützten ihn ihm untergeordnete Diener und Hausmeister.
Der Priester war einer der wenigen in der Burg, der gebildet war; er leitete die Kapelle, hatte religiöse Aufgaben inne und las das Wort Gottes. Burgvogt und Marschall waren für die Sicherheit der Burg zuständig, sie versorgten die Truppen und waren für die Ställe verantwortlich.

Zu denen, die dem König oder bedeutenden Feudalherren zu Diensten waren, gehörten auch einflussreiche Ritter. Dieser Dienst galt als ehrenhaft, es war absolut nichts Anrüchiges daran. In der *Artus-Sage* heißt der Truchsess von König Artur Sir Kay, einer der Ritter der Tafelrunde. Ein solches Arrangement war für diese Epoche typisch. Ritter konnten Dienste im Haus, in den Ställen, auf dem Turnierplatz, in der Rüstungskammer und im Jagdgelände erbringen. Die feudalen Haushalte waren zum Teil so groß, dass hoch angesehenen Ämtern, etwa dem des Marschalls oder Pferdemeisters weiteres Personal unterstellt war. Niedrigere Arbeiten wurden meist von Knappen geleistet.

Ritter und Edelmänner, die innerhalb des Haushalts Elitepositionen einnahmen, waren weitgehend frei darin, ihrem Dienstherrn Ratschläge zu erteilen; innerhalb des Hauses bildeten sie einen eigenen Rat. Der obere Dienstherr konnte ihre Ratschläge ablehnen oder sie berücksichtigen, genauso wie der König sich gegen die Wünsche der Barone stellen konnte – was im 13. Jh. in England unter den Königen Johann und Heinrich III. nicht selten der Fall war.

▲ *Ein feudaler Besitz war autark, und jeder, der hier lebte, hatte einen bestimmten sozialen Stand und eine festgelegte Rolle.*

SPEZIALISIERUNG

Vom 13. bis zum 15. Jh. fand eine Spezialisierung statt und Titel änderten sich. Im 13. Jh. übernahm der Schatzmeister auch den Finanzbereich, die Rolle des Vogtes splittete sich in zwei Posten auf: einer war für die Ländereien zuständig, ein zweiter übernahm den Bereich der Ernährung. Im 14. Jh. oblag diese Aufgabe dem Kämmerer, ein Sekretär managte die Vorräte.

In einem großen Haushalt des 15. Jh. war der Truchsess oft Stellvertreter des Feudalherrn; er übernahm Schlüsselrollen wie die Gerichtsbarkeit, falls sein Herr abwesend war. Und das war er oft – entweder auf einem seiner anderen Güter oder auf einem Feldzug. Dem Truchsess ging der Kanzler zur Hand; er war verantwortlich für Verwaltungsdokumente und das Verfassen von Briefen, Urkunden und Rechtspapieren. Zu dieser Zeit war der Kämmerer vor allem mit finanziellen Aufgaben beschäftigt, wohingegen der Verwalter sich um die Ländereien kümmerte. War der Feudalherr nicht zugegen, war die höchste Autorität der Burgvogt. Er war verantwortlich für die Sicherheit und die Verteidigung der Burg.

GASTFREUNDSCHAFT

Für einen Feudalherrn war es ehrenhaft, Männer von Rang als Gäste zu begrüßen. Selbst ein Prinz konnte seinen Status aufwerten, wenn er einem Ritter Gastfreundschaft gewährte. Llull erklärte, dass „jeder Baron oder Lord, der einem Ritter die Ehre erweist, sich in seinem Haus aufhalten und an den Ratssitzungen und Mahlzeiten teilnehmen zu dürfen, sich zuallererst selbst eine Ehre erweist".

HÜTER DES FRIEDENS

DIE ROLLE EINES RITTERS IN DER REGIERUNG

Mit der Entwicklung des Feudalismus betrachteten es europaweit Ritter als ihre Pflicht, in Friedenszeiten die Ordnung aufrechtzuerhalten und das Rittergesetz anzuwenden. Ritter und deren Bollwerke wurden zum Symbol für eine strenge Autorität, die Respekt und die Einhaltung von Gesetzen verlangte.

▲ *Die Gesetze des Königs mussten im ganzen Land erzwungen werden. Ritter saßen Schwurgerichten bei, um für Recht und Ordnung in den Grafschaften zu sorgen.*

SCHÖFFENTÄTIGKEIT

Mitte des 13. Jh. bildeten führende englische Ritter nicht mehr einfach nur eine Kriegerkaste im Dienste des Königs; sie waren Teil der königlichen Verwaltung. In der Justiz nahmen sie wesentliche Aufgaben wahr, etwa auf den Rittergütern. Darüber hinaus waren sie Schöffen in Sitzungen des Schwurgerichts – es wurde periodisch in den Grafschaften abgehalten. Dazu gehörten neben der Anwesenheit bei Anhörungen Verwaltungsaufgaben und Pflichten bei Kriminalsachen. Derartige Aufgaben wurden nicht von allen Rittern wahrgenommen. Wer derartige Verantwortung übernahm, tat dies in Zusammenarbeit mit anderen Edelmännern, die nicht unbedingt zum Ritterstand gehören mussten.

Einige Ritter in Frankreich und Deutschland spielten eine ähnliche Rolle. In Frankreich hatten sie als Verwalter des Königs ein schönes Leben, denn derartige Aufgaben wurden gut bezahlt. Die deutschen Ministerialien (Dienstmannen) bildeten in fränkischer Zeit die Oberschicht der unfreien Dienstleute, die am Hofe und in der Verwaltung tätig waren oder zum Kriegsdienst herangezogen wurden. Durch wirtschaftliche Stärkung, die Annahme ritterlicher Lebensweise und das Gewicht ihrer Tätigkeiten gewannen die Ministerialen im Laufe der Zeit an Bedeutung. Die Grenzen zwischen freien Rittern und den Ministerialen verschwammen allmählich; die Dienstgüter der Ministerialen, auf deren Grundlage sie ihren Lebensunterhalt bestritten, wandelten sich von nicht vererbbaren Dienstlehen in erbliche Lehen. In der Zeit der Salier und der Staufer prägten die Reichsministerialen das politische Geschehen entscheidend mit. Ab dem 13. Jh. zählten sie zum Adel.

SYMBOL FÜR ORDNUNG

In der Ritterliteratur symbolisiert die Burg die Ordnung: Innerhalb der Mauern und auf feudalem Land ist alles bestens: Feudalherr und Bedienstete leben behaglich, jeder weiß um seinen Platz. Außerhalb dieser Insel stößt man auf den Schrecken der unbändigen Welt – in der Ritterliteratur durch den Wald mit Monstern und skrupellosen Rittern symbolisiert. Die Welt des Mittelalters hatte Angst vor dem Chaos – Überfälle durch Wikinger, Madjaren und Sarazenen waren in Erinnerung. Burgen und Disziplin hielten die Dunkelheit des Waldes fern, die Struktur der Feudalgesellschaft sicherte die soziale Ordnung.

▼ *Leeds Castle, Kent, erbaut ab 1119.*

► *Die Einberufung von Feudalherren zwingt die französische Monarchie, am Prozess gegen Johann II., angeklagt wegen Verrats an Karl VII., teilzunehmen. Alençon wurde 1458 zum Tode verurteilt, das Urteil aber nicht vollzogen; er starb 1476 im Gefängnis.*

RITTER DER GRAFSCHAFT

Im 13. Jh. wohnten englische Ritter dem königlichen Rat, Vorläufer des Parlaments, bei. Zwei Ritter aus jeder Grafschaft wurden in den Regierungsrat beordert; namentlich aufgerufen wurden sie vom englischen Edelmann Simon de Montfort, der 1263–1265 kurz das Zepter in der Hand hielt, da er Heinrich III. entthront hatte. De Montfort wurde von Heinrichs Sohn, dem zukünftigen Eduard I. in der Schlacht von Evesham besiegt und getötet: Das Experiment nahm ein Ende, doch ein Präzedenzfall war geschaffen. 1295 rief Eduard I. einen Rat zusammen, der später von Historikern als „Modellparlament" bezeichnet wurde, da es sich um das erste repräsentative englische Parlament gehandelt hatte.

Zum Modellparlament gehörten zusätzlich zu den Magnaten und den Kirchenleuten Abgeordnete des niederen Kirchenstandes, zwei Ritter aus jeder Grafschaft, zwei Bürger aus jedem Bezirk und zwei Bürger aus jeder Stadt. Der Rat wurde um diese Zeit herum als Parlament bezeichnet (vom französischen *parlement,* Gespräch). Unter der Herrschaft König Eduard III. (1327–1377) teilte es sich zu dem, was es heute ist: das *House of Commons* (Unterhaus) und das *House of Lords* (Oberhaus). Ritter aus den Grafschaften, der niedrige Kirchenstand und die Bürger bildeten das Unterhaus, Adel und Kleriker das Oberhaus.

BESCHÜTZER DER SCHWACHEN

Ritter gewährten Kirchen, Witwen, Kindern und anderen, die schwach waren, Schutz. In Schriften von Philosophen und Kirchenleuten wird die hohe Position des Ritters innerhalb des Feudalsystems durch diese Beschützerrolle gerechtfertigt.

Ritter mussten vor allem Pilger schützen. Im Mittelalter spielte das Pilgerwesen als ein Akt der Buße oder als Ausdruck christlicher Ergebenheit eine bedeutende Rolle. Männer und Frauen entwurzelten sich selbst und reisten zu den Heiligtümern, etwa nach Canterbury, Santiago de Compostela in Spanien, Rom und Jerusalem. Sie reisten in großen Gruppen: 1064 beispielsweise begaben sich mehr als 7000 Menschen nach Jerusalem, das damals in muslimischer Hand war. Nach dem ersten Kreuzzug 1096–1099 und der Wiedereinnahme Jerusalems stieg die Zahl der Menschen, die in das Heilige Land pilgerten, noch weiter an. Pilgern konnte gefährlich sein, die Reise nach Jerusalem war sehr lang und schwierig. Die Ritter-Bruderschaft der Templer wurde 1119 gegründet, um die Pilger im Heiligen Land zu schützen.

AUSDRUCK DER HERRSCHAFT

Die Burg manifestierte Überlegenheit und Autorität des Ritters in Stein. Viele Burgen wurden damals rund um einen zentralen Turm oder Bergfried gebaut; sie wurden *Donjon* (Belfried) genannt, ein französisches Wort, das sich aus dem lateinischen *dominium* ableitet, was „Hausherr" bedeutet. (Die Engländer sprachen vom Burgverlies.)

Selbst wenn der Ritter dort selbst nicht wohnte – das war oft der Fall, wenn er auf Feldzügen war oder eine seiner anderen „Residenzen" aufsuchte – verkündeten die abschreckenden Mauern der Burg nicht nur die wahre Größe seines Besitzers, sondern auch die Festigkeit des Gesetzes, für das er seinen Kopf hinhielt.

BURGEN UND GUTSHÄUSER

LEBEN AUF FEUDALEM LAND

Bei Burgen handelte es sich um militärische Basen für Expansionen und danach um Sicherungs-Bollwerke des eroberten Territoriums. Doch Burgen boten auch eine häusliche Umgebung. Sie demonstrierten Macht und waren ein Statement für Autorität, ritterliche Residenzen, die im Herzen eines großen Feudalbesitzes oder Gutes errichtet wurden.

WAS DER FEUDALHERR BRAUCHT

Die großen Ländereien waren im Prinzip Selbstversorger. Die Burg war umgeben von Weideland und Feldern. Hunderte von Landarbeitern waren auf den Wiesen und Äckern tätig, um Getreide und Heu zu produzieren; sie zogen Vieh für den Tisch des Herrn auf und hackten Holz für die Feuer. Auf einigen Ländereien wurde die Kleidung selbst hergestellt, wenn nicht, brachte man die Wolle der Schafe dorthin, wo diese gesponnen und getauscht werden konnte.

Alles, was auf dem Landbesitz nicht selbst hergestellt werden konnte – etwa Salz und Eisenwaren – konnte bei umherziehenden Händlern erworben oder in größeren Ortschaften gekauft werden. Größere Mengen bezogen Händler aus Italien, Frankreich und Deutschland, einige Waren sogar aus den östlichen Ländern der muslimischen Welt. Auf großen Märkten konnte das Personal Gewürze, Gold, Seide, Farbstoff, französischen oder spanischen Wein, Pelz, flämisches Tuch usw. einkaufen.

EIN LEERES ZUHAUSE

In dieser Periode mussten Könige mobil sein, um ihre Autorität aufrechtzuerhalten. Sie hatten ihren Hofstaat bei sich, wenn sie von Haushalt zu Haushalt reisten. Auch Prinzen und bedeutende Feudalherren hatten mehr als eine Burg und zogen von einer zur nächsten. Das Gros ihres Wohlstandes beruhte auf Land und den Pachten, die sie daraus bezogen. Während Hof und Feudalherren sich von einem Besitz zum nächsten bewegten, konnten sie sich mit ihren Höflingen durch die Pachten – Nahrung und Tiere – gut ernähren.

Waren sich in einem anderen Haus oder auf einem Feld- bzw. Kreuzzug, wurde die Burg vom Burgvogt bewacht und verwaltet. Dieser besaß eine Verteidigungsgarnison aus Rittern und Armbrustschützen, daneben ein Team aus Handwerkern, Zimmerleuten, Schmieden und Maurern, um die Gebäude unterhalten zu können. Die Landbevölkerung blieb natürlich dort, doch der feudalherrliche Haushalt reiste mit seinem Dienstherrn, um ihm stets zu Diensten sein zu können.

BURGARCHITEKTUR

Burgen hatten unterschiedliche Formen, doch sie alle dienten vornehmlich der Verteidigung. Die Normannen, Pioniere in Sachen Burgenbau, bauten oft nach einem *Motte-Bailey-Muster*: Die *Motte* (Erdhügel) war ein künstlicher oder natürlicher Hügel innerhalb eines Bereichs, der Burghof genannt wurde und der von Verteidigungsmauern und Gräben umschlossen war. Auf der *Motte* stand ein Turm – bei den frühen Burgen aus Holz, später aus Stein, der die feudalherrlichen Wohnquartiere beherbergte: eine Festung, in die der Feudalherr und seine Garnison sich zurückzogen, wenn die Burg angegriffen wurde und der äußere Verteidigungsring ausgefallen war.

Spätere Burgenbauer – in England und Wales vor allem König Eduard I. und sein Bauherr Master James of St. Georges – verbesserten die Burgarchitektur. Die Perfek-

◄ Die Halle in Penshurst Place, einem befestigten Gutshaus in Kent, Südengland, wurde 1341 fertiggestellt. Sie war der Raum, den sich der Feudalherr mit seinen Bediensteten, Gästen und Tieren teilte. Hier war es laut, gedrängt voll und vom Feuer auch ziemlich verraucht.

▲ *Die Küche war meist direkt neben der Halle. Eine geschnitzte Schutzwand verkleidete den Durchgang, der von der Halle zu Vorratsschränken und Büros führte.*

▲ *Für adlige Haushalte waren Bankette die Möglichkeit, Wohlstand und Macht zur Schau zu stellen – deshalb ging es dort so verschwenderisch wie möglich zu.*

tion mittelalterlicher Festungen war die konzentrische Burg, die zwei Reihen von Mauern besaß: eine hohe innere, die den Innenhof umgab, und eine niedrigere äußere, die den äußeren Hof umschloss. Um eine konzentrische Burg einnehmen zu können, mussten die Angreifer die Verteidiger der äußeren Mauern überwältigen, den äußeren Hof unter Feuer queren, um dann ihren Kampf gegen die hohen inneren Mauern zu richten. Zu den schönsten konzentrischen Burgen zählen die syrische Höhenburg *Krak des Chevaliers*, die aus der Zeit der Kreuzzüge stammt und zum Weltkulturerbe der UNESCO gehört, und *Beaumaris Castle* in Nordwales, das Eduard I. und Master James of St. George erbauten.

HAUSGEBÄUDE

Die großen, leeren Burghöfe, die wir heute in vielen Burgen sehen, waren einst mit Hausgebäuden gefüllt. Diese waren meist aus Flechtwerk und Lehm oder Holz erbaut und wurden häufig zerstört oder lösten sich auf natürliche Weise auf. Dazu gehörten Stallungen, eine Rüstkammer, eine Schmiede, ein Haus für Bedienstete, Küchen und Speisekammern, in denen u. a. Weine gelagert wurden. In einigen Burgen waren gewisse Räume in die den Burghof umgebenden Mauern hineingebaut, sodass wir ihre Überreste heute noch sehen können.

Der Feudalherr und Besitzer einer großen Burg besaß viele Annehmlichkeiten. Seine Räume befanden sich stets im sichersten Trakt der Festung – anfangs im Hauptturm, dann, als sich die Architektur weiter entwickelt hatte, im streng befestigten inneren Burghof. Nah an den herrschaftlichen Zimmern im inneren Burghof befanden sich meist die Kapelle und die große Halle, Mittelpunkt des Burglebens. Selbst die bedeutenden Feudalherren aßen mit den Bediensteten gemeinsam in dieser Halle. Robert Grosseteste, unter König Heinrich III. von England Gelehrter und Bischof von Lincoln schrieb, es sei nicht richtig, dass ein Feudalherr allein speise.

Der Feudalherr, seine Familie, Begleiter und angesehene Besucher aßen die feineren Speisen am hohen Tisch, die Masse der Soldaten und andere Vasallen saßen in der Mitte des Raumes. Am äußeren Ende der Halle, gegenüber vom hohen Tisch, befand sich häufig eine erhöhte Minnesänger-Galerie, von dort aus wurde das speisende Publikum musikalisch unterhalten. Zwischen den Mahlzeiten wurden in der Halle Geschäfte gemacht oder es fanden gerichtliche Anhörungen statt. Und nachts schlief ein Großteil der Burgbewohner hier.

Einige Burgen besaßen mehr als eine Kapelle. In die herrschaftlichen Privatkapelle gingen der Burgherr und seine Familie jeden Morgen. Eine größere Kapelle in äußeren Burghof wurde von den Mitgliedern der Garnison aufgesucht. Viele Burgen verfügten zur Bewachung des Eingangs zudem über ein schwer befestigtes Torhaus.

▼ *Ansicht von Salzburg im Jahr 1493. Mittelalterliche Burg und Kathedrale – Symbole des Dualismus zwischen Stadt und Kirche – dominieren die Stadt.*

RITTER UND IHRE FREIZEIT

BELIEBTE ZEITVERTREIBE DES RITTERSTANDES

Ritter hatten in Krieg und Frieden Pflichten, aber sie hatten auch reichlich Zeit, um Vergnügungen nachzugehen. Viele Stunden verbrachten sie damit, ihre militärischen Fertigkeiten zu verbessern und über ihre ritterliche Berufung nachzudenken, aber es gab auch viele Aktivitäten.

DIE JAGD

Die Jagd bot Möglichkeit, Fitness und Kraft zu tanken und sich in der Reitkunst zu trainieren. Zudem konnte man sein Geschick im Umgang mit Pfeil und Bogen, Lanze und Schwert verbessern. Angelsächsische Aufzeichnungen berichten, dass König Wilhelm I. von England riesige Waldbereiche einfriedete und „die großen Hirsche liebte, als sei er ihr Vater". Im 13. Jh. beschrieb William Rishanger, ein Benediktinermönch aus St. Albans, der auch *Chronigraphus* genannt wurde, wie der junge Prinz Eduard (später Eduard I.) es liebte, auf dem Rücken der Pferde Hirsch zu jagen. Und hatte er einen gesichtet, tötete er ihn nicht aus der Entfernung mit einem Speer, sondern mit dem Schwert. Das galt als Zeichen für Tapferkeit und für einen martialischen Geist.

Jagdhandbücher komplementierten die Handbuchsammlung über den Ritterstand. Der französische Edelmann Graf Gaston III. von Foix-Béarn schrieb ca. 1387 eine Abhandlung über die Jagd *Le Livre de Chasse* (Das Buch von der Jagd). Gaston war eine schillernde Rittergestalt und schrieb über die drei wichtigsten Vergnügen seines Lebens: „Waffen, Liebe und die Jagd". Sein Hof in Südfrankreich wurde von dem französischen Chronisten Jean Froissart als Prachtstück beschrieben. *Le Livre de Chasse* umfasst alle Aspekte der Jagd im 14. Jh., listet Eröffnung und das Ende der Jagdsaison für einzelne Tierarten auf, nennt Arten von Ködern und Fallen sowie unterschiedliche Arten der Verfolgungsjagd. Es klärt, welcher Hund auf welches Tier angesetzt werden sollte und macht sogar Vorschläge für ein Essensarrangement im Wald.

▲ *Eine Jagdgesellschaft sammelt sich außerhalb der Burgmauern. Damen ritten oft Seite an Seite mit den Männern. Jagdhunde wurden eingesetzt, um Beute zu verfolgen, zu jagen und zu töten.*

JAGDGEBIETE

Könige, Edelmänner und Ritter besaßen Jagdgebiete, die streng bewacht wurden. In der angelsächsischen Chronik lesen wir, wie Wilhelm I. verfügte, jeden, der es wage, in seinem Jagdgebiet Rotwild zu töten, mit Blendung zu bestrafen. Spezialisten bewachten das Land, kümmerten sich um das Wild und um die Hunde. Die Jagd war ein Freizeitvergnügen des Adels und derjenigen, die mit Pferden und Hunden zu tun hatten. Für Ritter, die im Haushalt eines feudalen Dienstherrn lebten, war die Jagd ein beliebter Sport. Die Edelleute hatten eine Tierhierarchie entwickelt: das edelste Tier war demnach der Hirsch, es folgten Wildschwein, weibliches Reh, Wolf und Bär, schließlich Fuchs und Hase.

BEIZJAGD

Eine andere beliebte Freizeitbeschäftigung der königlichen und ritterlichen Klasse war die Beizjagd. Um kleines Haarwild zu jagen, wurden Greifvögel wie Falken, Sperber, Habichte und Adler eingesetzt. Einige Quellen deuten an, dass Kreuzritter diesen Sport im heiligen Land kennenlernten und nach Europa brachten; aber es gibt

▲ *Minnesänger waren oft Burgangestellte, Troubadoure, die von höfischer Liebe sangen, waren meist wandernde Musikanten.*

Hinweise darauf, dass die Beizjagd bereits zuvor in Angelsachsen und von den Normannen praktiziert worden war. In den 1240er-Jahren war Friedrich II., Kaiser des Heiligen Römischen Reiches, Patron einer Übersetzung einer arabischen Abhandlung über die Jagd mit Vögeln. Danach schrieb er selbst ein Buch darüber – Teile aus der Übersetzung und Ergänzungen, eigene Erfahrungen mit der Beizjagd.

FESTE UND DICHTUNGEN

Die Tage auf einer Burg konnten lang sein. Beliebte Möglichkeiten, die Zeit zu verkürzen, waren Schlemmereien und Besäufnisse. Ein übermächtiger Appetit stand einem bedeutenden Ritter gut zu Gesicht – tatsächlich war er eine Tugend, ein Zeichen von kriegerischer Mannhaftigkeit und Wildheit. Die Versdichtungs-Biografie über den englischen Ritter William Marshal aus dem 12. Jh. deckt auf, dass er in seiner Jugend als Knappe im Haushalt seines Onkels, William de Tancarville, Vogt der Normandie, gedient hatte. Marshal trug den Spitznamen *gaste-viande* (Fresssack), denn wenn er nicht anderweitig beschäftigt war, füllte er jede Stunde des Tages damit zu essen. Die Biografie macht deutlich, dass dies kein Zeichen für Faulheit war; William de Tancarville sagte seinem Neffen eine großartige Zukunft voraus. In einem Ritterroman übte der englische Ritter Guy de Bourgogne mit seinem schier unermesslichen Appetit Wirkung auf die Sarazenen aus; man sagt, er soll den Appetit von vier erwachsenen Männern gehabt haben! De Bourgogne personifizierte die allgemein gültige Regel, „dass ein Mann, der herzhaft zugreift, niemals eine Memme ist".

Bei großen Ereignissen wurden mindestens zehn Gänge serviert. Dazu gehörten Gerichte wie Wildschein, Schwan, Pfau, Geflügel, Fisch, Käse, Obst und Gebäck, mit reichlich Wein, Apfelwein, gewürztem Honigwein, manchmal auch Bier. Ein altes Dokument benennt die *15 Freuden eines Ritters* und stellt fest, dass die erste und wesentliche Freude „gutes Essen und Höhenflüge durch reichlich Wein" sei.

Während der Mahlzeiten wurde musiziert und danach vergnügten sich die Ritter bei Würfelspiel oder Schach. Sie mochten es auch, wenn nach dem Essen ein Minnesänger aus den *Chansons de geste* oder den *Chansons d'amour* rezitierte. Die *15 Freuden eines Ritters* lassen durchblicken, dass Ritter umherziehenden Dichtern stets Gastfreundschaft erwiesen. Auf diese Weise wurde der Alltag durch Gedichte und ritterliche Romane aufgelockert; diese trugen wesentlich zum Mythos des Rittertums bei.

▲ *Das Schachspiel wurde in Indien erfunden und verbreitete sich über die arabische Welt um das Jahr 1000 in Europa. Im Adel beliebt wurde es „königliches Spiel" genannt.*

► *Ritterturniere brachten Aufregung und Farbe ins Leben. Eine holländische Buchmalerei (ca. 1475) zeigt Ritter und Damen, die durch die Straßen Londons zu einem Turnier reiten.*

HOCHZEITEN UND ALLIANZEN

DIE ZUNEHMENDE BEDEUTUNG DES SOZIALEN ANSEHENS

Ritter träumten davon, großeTaten zu vollbringen, wie sie in vielen Chansons besungen wurden. Und einige hatten das Glück, sich mit ihrem Pferd zu heldenhaften Feldzügen aufmachen und an bedeutenden Schlachten teilnehmen zu können. Aber sie lebten auch in der Alltagswelt sozialer und finanzieller Verpflichtungen.

In den höheren Ebenen der feudalen Rittergesellschaft basierten Hochzeiten auf schlichten Erwägungen sozialen Ansehens und Wohlstandes. Eheliche Verbindungen wurden arrangiert, um Besitz zu erwerben oder um eine politische Allianz mit einem mächtigen Feudalherrn einzugehen. Die Heirat eines Ritters oder die seiner Tochter konnten Landgewinn mit sich bringen.

ROLLE DER WAPPEN

Ritter dieser Epoche, die in die Schlacht ritten oder an Turnieren teilnahmen, trugen das Wappen auf ihrem Schild, dem Wappenrock und auf dem Umhang der Pferde. Diese Wappen entwickelten sich aus einfachen Symbolen, die frühe Ritter trugen, um sich in einer Schlacht gegenseitig zu erkennen, hin zu einer komplexen Sache. Bekam ein Ritter durch eine Heirat Land, folgten automatisch ein neuer Titel und ein neues Wappen; meist wurde das neue „Wappen" in sein eigenes Wappen aufgenommen. In Schlachten und insbesondere in Turnieren waren Herolde Experten in der Wappenkunde. Ein Herold arbeitete für einen Feudalherrn und sprach in dessen Herrschaftsbereich Recht; er führte eine Wappenrolle, in der die Wappen aller Ritter in seinem Bereich gelistet waren.

WILLIAM MARSHAL

William Marshal, ein bedeutender englischer Ritter des 12. Jh., war ein typisches Beispiel für das Bedürfnis, sein Ansehen zu verbessern. Er stammte aus ziemlich einfachen Verhältnissen und schaffte es durch Leistungen bei Turnieren und auf dem Schlachtfeld, zu den führenden Rittern aufzusteigen. Als jugendlicher Ritter im Haus von William de Tancarville musste er seine Kleidung veräußern, um sich ein neues Pferd kaufen zu können. Später hat er innerhalb des Ritterstandes einen solchen Status erlangt, dass er 1189 eine der reichsten Frauen Englands, die 17-jährige Isabel de Clare, Erbin von Richard de Clare, zweiter Earl of Pembroke, heiratete. Marshal wurde Earl und schließlich Marschall von England und Beschützer des Königreichs unter König Heinrich III.

TÖCHTER ARMER RITTER

Marshals Aufstieg war ein inspirierender Traum, aber auch die Ausnahme von der Regel. Viele Ritter lebten in relativ bescheidenen Verhältnissen, und es war schwer für sie, in der Welt der adligen Elite eine gute Position zu erlangen. Verarmte oder am Hungertuch nagende Ritter waren in der Ritterliteratur verbreitete Figuren.

Das spanische Epos *Cantar del Mio Cid* (Lied von meinem Cid) erzählt, wie der große spanische Krieger Don Rodrigo Diaz

◄ *Eine Wappenrolle der Yorkshire-Lords, etwa 1483 von William Ballard, March King of Arms unter den englischen König Eduard IV. und Richard III., aufgezeichnet.*

▲ *Philip der Dicke, Herzog von Burgund, ging eine äußerst vorteilhafte Verbindung ein, als er 1369 Marguerite, Komtesse von Flandern, heiratete; danach wurde er Graf von Flandern und Artois.*

de Vivar (*El Cid*) in den Krieg zieht, um für seine Familie zu sorgen. Er muss seine Töchter mit passender Mitgift ausstatten, um für sie Ehemänner zu finden. Im Feldzug gegen das von Mauren besetzte Valencia kann Rodrigo Tapferkeit und Einsatz beweisen und so die Gunst des Königs gewinnen, der ihm Valencia als Lehen verleiht und den alten Stammsitz zurückgibt.

In dem Roman der Artusepik *Erec und Enide*, den der französische Dichter Chrétien de Troyes im 12. Jh. verfasste, ist der Vater von Enid ein abgestürzter Ritter, zu arm, um seine Tochter mit einer Mitgift auszustatten oder sie hübsch einzukleiden. Enid schämt sich für ihre getragenen Kleider, aber ihr Vater wird in diesem Epos nicht zu einer lächerlichen Gestalt: Er wird als angenehm, großzügig, offen, attraktiv geschildert und er besitzt alle Tugenden eines guten Ritters. Auch wenn er arm ist. Das Schicksal seiner Familie weckt die Sympathie der Leser.

Ritterliteratur beschreibt die Interaktion zwischen dem idealisierten Ritterkodex und der realen Welt. Nach dem Ritterkodex kommt es mehr auf die Rittertugenden an als auf irdisches Vermögen. Doch die Dichter machen klar, dass es unangenehme Folgen haben kann, wenn man neben der Tapferkeit kein Vermögen besitzt.

RITTERHOCHZEITEN

In der adligen Gesellschaft wurden Hochzeiten mit allem ritterlichen „Schnickschnack" begangen. Auf einigen der bedeutendsten mittelalterlichen Turnierveranstaltungen wurden die Töchter ehrenwerter, adliger Feudalherren verheiratet. 1359 wurde die Hochzeit von John of Gaunt to Blanche of Lancaster von einem Turnier begleitet, an dem neben vielen anderen König Eduard III. und seine Söhne teilnahmen.

► *Große Gesten und Liebesbezeugungen waren Bestandteil der sozialen Interaktion bei Hof. Betroffen waren ledige und verheiratete Frauen gleichermaßen.*

LIEBE BEI HOF

In einer Welt, in der Eheschließungen vor allem aus politischen und finanziellen Erwägungen heraus geschlossen wurden, schien Liebe ein Luxus zu sein. Einige eheliche Geschichten begannen als diplomatisches Arrangement und endeten in tiefer Zuneigung. Beispielsweise begann die eheliche Verbindung des späteren Eduard I. von England mit Eleonore von Kastilien als diplomatische Allianz: da war Eduard gerade 15 Jahre alt und Eleonore neun. Sie endete als heftiges Verhältnis. Als die Königin 1290 starb, ehrte Eduard seine Frau mit dem Bau von zwölf Gedenkkreuzen. Sie markierten die Punkte, an denen der Trauerzug auf dem Weg von ihrem Todesort Harby, Nottinghamshire, zu ihrem Grab in Westminster Abbey, London, Halt machen sollte (am Charing Cross steht eine Replik). In seiner Trauer schrieb Eduard: „In ihrem Leben habe ich sie innig geliebt und ich werde auch nach ihrem Tod nicht aufhören, sie zu lieben."

Diese tiefen, liebevollen Verbindungen waren eher die Ausnahme. Der Kult der höfischen Liebe war ein Ventil für romantische Gefühle innerhalb der ritterlichen Welt. Die Damen, denen Ritter in der höfischen Tradition zu Diensten waren, waren meist bereits mit einem bedeutenden Feudalherrn verheiratet. Der Ritter mag für die Dame seines Herzens Leidenschaft empfunden haben, und er mag seinen Wunsch nach physischer Vereinigung ausgedrückt haben, doch nur in den seltensten Fällen wird es wirklich zu einer Verbindung gekommen sein.

LEBEN IN EINER RITTER-BRUDERSCHAFT

DER ALLTAG EINES TEMPEL- ODER JOHANNITERRITTERS

Die Mitglieder der großen Ritter-Bruderschaften, wie die Johanniter (*Hospitaliter*) oder Templer verbrachten ebenfalls Zeit „zu Hause“ – weit weg von der Aufregung und den Schwierigkeiten des Lebens auf dem Schlachtfeld. Den Großteil der Zeit verbrachten sie nicht anders als die Mönche in den Zisterzienser- oder Benediktinerklöstern.

Zusammenschlüsse zu militärischen Orden übernahmen die klösterlichen Gelöbnisse der Armut, Keuschheit und des Gehorsams (der spanische Orden Santiagos erlaubte die Eheschließung). Meist lebten die Brüder ein Leben in Gemeinschaft in einem ganz konventionellen Kloster; sie aßen im Refektorium und schliefen im Schlafsaal. Sie folgten den klösterlichen Zeiten und übernahmen Aufgaben.

Die Mönche waren hauptsächlich Laien, viele des Lesens und Schreibens mächtig. Zusätzlich gab es gebildete Kirchenbrüder, die als Kaplan tätig waren und die täglichen Aufgaben vortrugen. Eine typische Regel, die Laienbrüder erfüllen mussten, war die mehrmalige Wiederholung des Vaterunsers.

▲ *Die Templer trugen bei einer Schlacht das Christuskreuz auf Kleidung, Schild und Pferdedecke. Ihr voller Name lautete: „Arme Ritterschaft Christi und des salomonischen Tempels zu Jerusalem“.*

▼ *Krak de Chevaliers: eine Befestigung aus dem Jahr 1031, die für den Emir von Homs erbaut wurde. 1144 kam sie an den Orden der Johanniter; diese machten daraus die größte Kreuzritterburg des Morgendlandes.*

BERUFUNG

Für die Ritter der Orden war das Leben schwer. Bevor jemand in den Johanniterorden aufgenommen wurde, musste er klar und deutlich vortragen, dass er Bedürfnisse und Wünsche zu opfern und sein Leben voll und ganz dem Orden zu widmen gewillt sei. Ihm wurde daraufhin geantwortet, dass der Eintritt in den Orden eine große und edle Berufung sei. Er dürfe nicht erwarten, behaglich leben zu können. Sollte er das Bedürfnis nach Schlaf verspüren, könnte es sein, dass er wach bleiben müsse; sollte er den Wunsch nach Nahrung verspüren, könnte es sein, dass er keine Zeit zum Essen hätte. Der Ritter musste bereit sein, weite Reisen zu machen, an „Orte, die unangenehm sind“. Und ihm musste klar sein, dass er „seine Wünsche zurückstellen“ müsse, um die anderer zu erfüllen.

▲ *In den Jahren 1347–1348 kamen die Johanniterritter, bis dahin auf Rhodos als Rhodos-Ritter lebend, König Konstantin III. von Armenien im Konflikt mit dem Sultan von Ägypten zur Hilfe.*

MILITÄRRÄNGE

In den bedeutenden Ritterorden waren die Laienbrüder in zwei Ränge unterteilt: Sergeanten und Ritter. Es gab zwei Arten Sergeanten: die nicht kämpfenden und die bewaffneten. Im Kloster leisteten die Sergeanten nötige Arbeiten auf dem Acker und erbrachten haushälterische Leistungen. Die Ritter hatten einen höheren Rang inne und blieben von derartigen Arbeiten verschont. Die Brüder machten militärische Übungen, um sich auf den Krieg vorzubereiten. Ritter hatten eine bessere Rüstung und drei oder vier Pferde, die bewaffneten Sergeanten dagegen mussten mit einem Basis-Schutz und einem Pferd zurechtkommen. Manchmal kämpften die Sergeanten als Fußsoldaten neben ihren Ritter-Brüdern. Sie bauten oder reparierten Burgen bzw. belegten sie mit Beschlag.

LEBENSREGELN

Die Krieger-Mönche folgten einem weniger strengen Ernährungsplan als ihre Brüder, die in nicht militärisch organisierten Bruderschaften lebten. Sie durften normalerweise dreimal die Woche Fleisch essen, um die Kraft für militärische Aktivitäten aufrechtzuerhalten.

Andere Regeln waren sehr strikt. Bei den meisten Orden war während der Mahlzeit absolute Stille angesagt. Die Lieblingsbeschäftigungen säkularer Ritter in der Freizeit – Jagd, Beizjagd und Teilnahme an Turnieren – waren strengstens untersagt. Die Templerritter allerdings durften an *Buhurten* teilnehmen, Turniere, bei denen es keine physischen Folgen gab und die einzig und allein dafür gedacht waren, Fitness und Reitkunst zu trainieren. Eine weitere Ausnahme wurde bei den Brüdern des spanischen Militärordens von Calatrava gemacht: diese lebten in einer kargen Landschaft und durften auf die Jagd gehen, um sich Nahrung zu beschaffen.

Es gab strikte Regeln zur Bekleidung; diese sollte normalerweise schlicht und aus Wolle sein. Es scheint, als seien diese Arten von Regeln eher gebrochen als eingehalten worden. Im 13. Jh. hielten es die Statuten der Johanniter für nötig, die Verwendung von Stickereien auf der Kleidung und Silber- und Goldverzierungen auf der militärischen Ausstattung zu verurteilen. Templer erlaubten den Brüdern, in den heißen Sommermonaten Syriens Leinenkleidung zu tragen.

In den meisten Orden gab es weder eine Bewährungszeit noch ein Novizat, wie es in den nicht militärischen Orden üblich war. So war es schwierig herauszufinden, ob ein Anwärter wirklich für das Gemeinschaftsleben geeignet war. Den strengen Regeln wurde mit heftigen Strafen Nachdruck verliehen. Diese reichten von beschämenden Schlägen oder mehreren Tagen Buße bis zum Ausschluss.

JÜNGERE SÖHNE

In der Feudalgesellschaft erbte der ältere Sohn den Besitz, das machte es den jüngeren Söhnen nicht gerade leicht, ihren Weg zu gehen. Zur gleichen Zeit, so argumentieren Historiker, gingen viele dieser relativ armen, jüngeren Söhne auf einen Kreuzzug, um ihr Glück zu machen; andere Gelehrte halten es nicht für glaubwürdig, dass diese die hohen Kosten und das Risiko einer solchen Reise auf sich genommen haben. Denn nur der Wohlhabende war in der Lage, sich für das Kreuz zu entscheiden und ein Kreuzritter zu werden. Die Bruderschaften der Krieger-Mönche boten diesen jungen Söhnen jedoch die Möglichkeit, eine Karriere als Ritter zu machen; bis Mitte des 13. Jh. konnten Anwärter aus nicht adligen Kreisen den Bruderschaften beitreten. Dort erhielten sie ein ausgezeichnetes Militärtraining. Ihre finanzielle Situation erlaubte es nicht, außerhalb des Ordens eine Familie zu gründen, doch die meisten gaben die Hoffnung auf ein Eheleben nicht auf.

KAPITEL 4

DER RITTER UND SEINE WAFFEN

Ritter zu Pferde mit Lanzen in Kavallerie-Einheiten reitend, sich in Schlachten messend und im Schwert-Nahkampf fechtend: Das ist das gängige Bild der Kriege des Ritterzeitalters. In Wirklichkeit aber war die Zahl der Ritter für den Ausgang der Schlachten weniger entscheidend, als man gemeinhin annimmt. Gedichte, Romane und sogar Chroniken preisen die Waffenleistungen der Ritter. Doch man übertrieb bei der Zahl der Kämpfenden und deren Wirkung auf die Schlachten.

Derartige literarische Würdigungen überspielten die Bedeutung der Kämpfe. Offene Feldschlachten waren selten im Mittelalter, und Kriege wurden oft als Belagerung geführt, mittels derer die Angreifer versuchten, ihre Gegner aus der Deckung zu locken.

Gelegentlich jedoch waren Ritter entscheidend für den Ausgang der Schlacht und damit für Sieg oder Niederlage. Berühmtes Beispiel ist die Schlacht von Bouvines am 27. Juli 1214, in der Philip der IV. von Frankreich eine Deutsch-Flämische Armee besiegte, die von Otto IV., Kaiser des Heiligen Römischen Reiches, angeführt wurde. Die Schlacht wurde an drei Kampfschauplätzen ausgetragen. An den Flügeln und im Zentrum konnte die deutsch-flämische Infanterie anfänglich die Überhand gewinnen, doch die Franzosen erholten sich schnell und Philip führte die Kavallerie-Kräfte an. Die Schlacht wurde dann im Zentrum zwischen den beiden Gruppen, die mit Dolchen und Schwertern bewaffnet waren, entschieden. Otto wurde vom Pferd gestoßen und sein Weltreich erobert, aber die Tapferkeit einer Gruppe sächsischer Ritter bewahrte ihn vor der Gefangenschaft.

▲ *Zur Realität des mittelalterlichen Kriegswesens gehörten Raub und Plünderungen.*

◀ *Nach einem brutalen Zusammenstoß der Armeen in der Schlacht gebot es die Höflichkeit, Lösegelder einzufordern und die Friedensverhandlungen aufzunehmen.*

DER BERITTENE KRIEGER

EIN RITTER IN DER SCHLACHT

Die berittenen Krieger an der Seite des Herzogs der Normandie, William, kämpften in der Schlacht von Hastings im Jahre 1066 in Kettenhemden, die bis zu den Knien reichten und die Ellenbogen umschlossen. Sie waren an den Seiten und vorn eingeschnitten, damit man sich besser bewegen konnte. Ihre Köpfe schmückte ein kegelförmiger Metallhelm mit einem abwärts gerichteten Vorsprung (*Nasal*). Sie trugen einen langen, drachenförmigen Schild, der Schutz von Kopf bis Fuß bot.

▼ *Normannische Ritter des 10. und 11. Jh. waren mit Kettenhemden bekleidet. Selbst im dichten Schlachtgedränge konnten sie die Rüstung an- und ablegen.*

▲ *Normannische Ritter greifen in der Schlacht von Hastings an. Sie benutzen ihre Lanzen als Speere.*

KETTENHEMDEN

Der gewöhnliche Waffenrock (*Haubert*) oder das lange Panzerhemd (*Brünne*), das aus kreisförmigen Teilen aus Eisen hergestellt wurde, hatte sich seit der Zeit Karls des Großen wenig geändert und bestand als grundlegender Verteidigungspanzer bis zum Ende des 13. Jh. Um den Schutz zu erhöhen, wurden Zusätze angebracht. Dazu gehörten eine Kettenhemd-Kapuze (ein Gesichtsschutz aus Ringgeflecht); eine Kettenhemd-Mundklappe (*Barbe*), um den unteren Teil des Gesichtes zu schützen sowie Kettenhemd-Fäustlinge und gesteppte *Diechlinge* mit Metallnähten, um die oberen Bereiche der Beine zu schützen.

ANGRIFF MIT DER LANZE

Anna Comnena, Tochter des byzantinischen Kaisers Alexius Comnenus, war von den Kreuzritter-Angriffen, deren Zeuge sie im Jahre 1096–1097 in Byzanz wurde, zutiefst beeindruckt. Sie beschrieb den „ersten Schock" als etwas, das durch Mark und Bein ging, und sie war fest davon überzeugt, dass Ritter in der Lage seien, ein „Loch in die Mauern von Babylon zu machen". Schriften mögen die Bedeutung der Ritter für den Ausgang von Schlachten übertreiben, aber die Stärke bewaffneter, gepanzerter Ritter ist unbestritten.

Die von Anna beschriebenen Ritter kämpften in einer koordinierten Einheit mit angelegter Lanze. Dieses Manöver wurde im 11. Jh. in Nordfrankreich entwickelt – wahrscheinlich von den Normannen. Es ist eine Schlüsseltechnik des Ritterzeitalters, die man auf den Turnierplätzen wie auf dem Schlachtfeld beobachten konnte.

Berittene Soldaten, in frühen Armeen mit Kettenhemden bekleidet, hatten die Lanze als Speer zum Werfen vom Pferd aus und zum Stechen bei Bodenkämpfen genutzt. Doch lernten die Ritter schnell, die Lanze fest unter dem Arm zu halten und sie als Schlagwaffe zu verwenden. Die volle Stärke der Ritterrüstung wurde beim Zustoßen deutlich. Der Ritter zog seine Lanze sofort wieder zurück, um nach dem Stoß erneut angreifen zu können. Ein Vorteil der Technik war, dass die Ritter eine schwerere Lanze benutzen konnten, weil sie die Waffe nicht hochheben mussten, um sie zu werfen. Lanzen hielten Gegner auf Abstand und machten Ritter weniger verletzlich.

MÄCHTIGE HERAUSFORDERUNG

Pferd und Waffen auf dem Schlachtfeld unter Kontrolle zu halten, forderte dem Ritter einiges ab. Er musste dazu fähig sein, das Pferd im Galopp und bei Richtungswechseln zu kontrollieren, und das nicht selten bei völlig überfülltem Schlachtfeld. Ritter, die körperlich nicht fit waren oder nicht in der Lage, mit Rüstung und Waffen umzugehen, wären schnell vom Pferd ge-

SATTEL UND STEIGBÜGEL

Krieger ritten hoch zu Ross in die Schlacht, lange bevor stabile Sättel und Steigbügel sie sicherten. Die assyrische Kavallerie entwickelte den ersten Sattel um 800–700 v. Chr. Er war eigentlich nicht mehr als ein einfaches Tuch, das um das Pferd gewickelt wurde, um dem Reiter mehr Halt zu geben. Die Skythen benutzten bereits einen gepolsterten Sattel. Die nubischen Söldner der römischen Armee schließlich entwickelten einen stabilen Sattel, der vorn (Sattelknopf) und hinten (Sattelblatt) erhöht war. Steigbügel machten den Reiter wesentlich sicherer im Sattel und erlaubten ihm, seine Energie ganz auf den Kampf zu lenken. Man weiß nicht genau, wo und wann die Steigbügel erfunden wurden. Um 500 verwendeten Soldaten in Indien einfache Lederschleifen, und die Sarmaten – nomadische Zeitgenossen der Skythen – benutzten steigbügelähnliche Schlaufen beim Aufsatteln. Den ältesten Nachweis des Gebrauchs von doppelten Steigbügeln, einer auf jeder Seite, liefert ein altes chinesisches Grab des Jahres 322 v. Chr. Nachdem die Nomaden im Asien des 8. Jh., insbesondere die Awaren, die das Land überrollten, das heute Ungarn heißt, sie benutzten, wurden Steigbügel allmählich auch in Europa eingeführt.

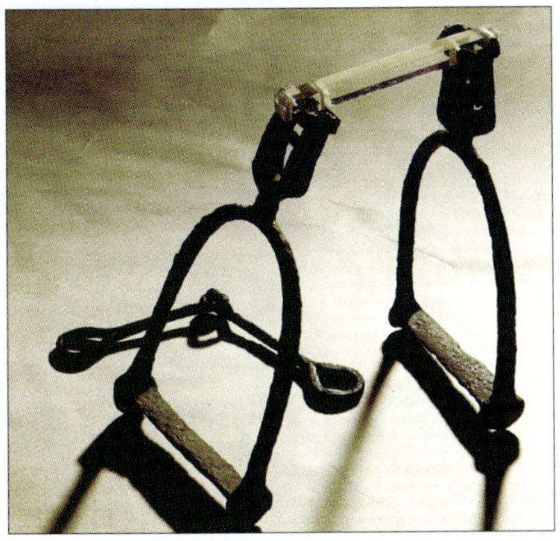

◄ *Ein frühes Paar awarischer Steigbügel aus dem 8. Jh.*

fallen. Deshalb betont die Ritterliteratur immer wieder die Notwendigkeit für Ritter, sich in den Kriegskünsten ausbilden zu lassen: Turniere boten dazu Gelegenheit. Turniere gaben den Rittern zudem die Möglichkeit zur Selbstdarstellung und zum Erproben höfischer Taktiken.

Ein Ritter hätte ohne spezielle Waffen und Ausrüstung nicht so kämpfen können. Am Wichtigsten für die Wirksamkeit der Kriegführung zu Pferde waren wohl Sattel und Steigbügel. Ebenso relevant war es, dass im späten 11. Jh. Hufeisen entwickelt wurden. Pferde mit Hufeisen konnten weite Strecken laufen und raues Land queren.

SCHWERT UND LANZE

Krieger zu Pferde trug im frühen Mittelalter ein leichtes Schwert, das weniger als 1,5 kg wog und das sie zum Zustechen und Werfen benutzten. Im 11. und 12. Jh. wurde das Schwert ein wenig länger und besaß eine scharfe Spitze. Damit konnte der Krieger besser zustoßen. Im späten 13. Jh. hatte das typische Ritterschwert eine 80-cm-Klinge mit einem 20 cm langen Griff. 100 Jahre später verwendeten Ritter ein zweihändiges Breitschwert, mit einer Gesamtlänge von 1,8 m fast doppelt so lang.

Alle Schwertgriffe (*Hefte*) besaßen eine Parierstange, eine Verlängerung (*Quillion*) am Heftende, die verhinderte, dass die Hand abrutschte. Manchmal drehten Ritter während des Kampfes die Schwerter um. Dann fassten sie das Schwert an der bedeckten Klinge an und nutzen die Verlängerung, um Stöße des Gegners abzuwehren, indem sie gegen Knie oder Knöchel des Gegners stießen. Am Ende des Heftes war der Knauf, eine schwere, runde Verlängerung, die auch als Waffe benutzt wurde. Im späten 13. Jh. kämpften Ritter mit einer 2,4 m langen Lanze, und die Lanzen des 14. Jh. waren noch länger – meist 3 m. Die Spitze war kräftig genug, um Panzer zu zersprengen.

DOLCH UND STREITKOLBEN

Im Nahkampf verwendete man Dolche und einhändige Schlachtbeile. Ein bestimmter Dolchtyp wurde nach dem lateinischen *misericordia* (Gnade) *Misericorde* bzw. *Merci de Dieu* genannt, weil damit Schwerverwundete getötet wurden. Der Ritter durchstach das Helmvisier oder stach unter der Kehle hindurch. Ein anderer Dolch war die Ochsenzunge, ein breiter, doppelkantiger, zugespitzter Dolch mit einer 45-cm-Klinge.

Ein naher Gegner konnte mit dem Streitkolben attackiert werden – eine Art Holzknüppel mit Metall- oder Steinkopf. Ein Schlag reichte meist aus, um den Gegner bewusstlos zu schlagen. Er war die Lieblingswaffe kämpfender Kirchenmänner, denn von ihnen erwartete man, dass sie ohne Blutvergießen kämpften. Einige gedornte Streitkolben und der Morgenstern, waren in der Lage, Rüstungen zu durchschlagen. Das Schlachtbeil war eine wirkungsvolle Waffe: In der Schlacht von Bannockburn soll Robert der Brutale den Ritter Sir Henry de Bohun mit einem einzigen Hieb auf den Kopf getötet haben.

▼ *V. o.: Schlachtbeil, Morgenstern-Streitkolben, Ochsenzungen-Dolch und Breitschwert.*

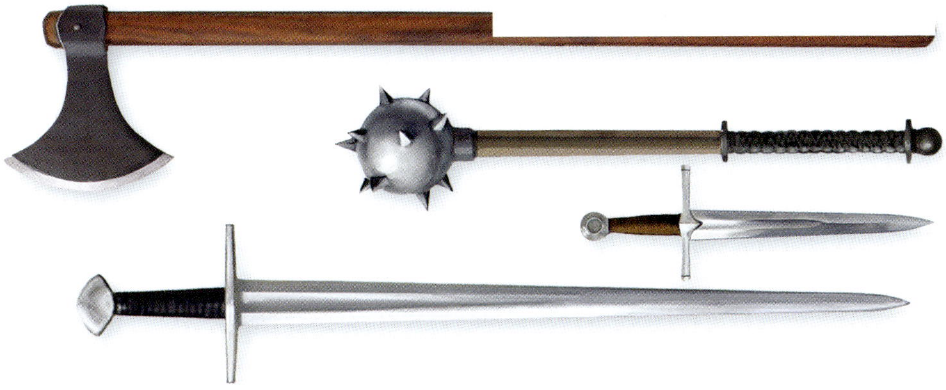

DER RITTER UND SEINE RÜSTUNG

SCHUTZ IN DER SCHLACHT

Kettenhemden hatten den Vorteil, dass sie nicht zu schwer waren und dem Träger relative Bewegungsfreiheit gewährten. Einen Dolchstoß jedoch oder eine Schwertspitze konnten sie nicht abwehren. Seit dem 12. Jh. trugen die Ritter eine gepolsterte Jacke unter dem Hemd. Diese schwächte die Erschütterung der Schläge zwar ab, doch die Kettenhemden waren noch immer leicht zu durchstoßen. Zudem konnte ein starker Hieb auch bei intaktem Kettenhemd Eisensplitter in die Haut bohren. Kettenhemden waren zudem schwer zu säubern und rostfrei zu halten.

▼ *Seit dem 13. Jh. trugen Ritter zusätzlich zum Kettenhemd Metallplatten. Das Beinstück wurde unter dem Knie angebracht, um Bewegungsfreiheit zu gewährleisten.*

DER WAFFENROCK

Die Gewohnheit, einen Waffenrock über dem Kettenhemd zu tragen, ist wohl auf die Kreuzritter aus dem Heiligen Land zurückzuführen. Diese hatten sie bei der muslimischen Armee abgeguckt. Soldaten und Ritter trugen als Identifikationszeichen Wappen auf ihren Waffenröcken.

KÖRPERPANZERUNG

Die ersten Schritte hin zu einem soliden Schildpanzer wurden im 13. Jh. unternommen. Anfänglich probierte man Brust- und Rückenschilde aus gehärtetem Leder, wobei kleine Teile aus massivem Metall an Ellenbogen, Achseln und Knien zum Kettenhemd hinzukamen. Später brachte man zusammengeschweißte Metallplatten auf Leder an, um so eine Schutzjacke für den kompletten Oberkörper zu erhalten.

Die ersten Ritterrüstungen aus dem Jahre 1330 setzten sich aus vielen Einzelteilen zusammen, die oft mit komplizierten Schnürungen verbunden und zusammengehalten wurden. Sie boten Schutz für den ganzen Körper. Es dauerte lange, bis ein Ritter seine Rüstung angelegt hatte; und wir kennen Berichte, nach denen sie dabei vom Gegner überrascht wurden.

Nach und nach wurden die Rüstungen verbessert, um den verheerenden Verletzungen durch Langbogen und Armbrust etwas entgegenzusetzen. Der Harnisch wurde im späten 13. Jh. eingeführt, um die Brust zu schützen, und die Halsberge zu Beginn des 15. Jh., um Hals, Nacken und Schultern Schutz zu bieten. Erst Mitte des 15. Jh. ritten Prinzen und hohe Adlige – die Elite unter den Rittern – in kompletten Plattenpanzern in die Schlacht. Die besten Plattenpanzer wurden in Italien und Deutschland hergestellt, besonders in der Missaglia-Werkstatt in Mailand. An verletzlichen Stellen brachte man zwischen die Hauptplatten schützende Ringe an, einige Ritter trugen unter ihrer Rüstung sogar schützende Kettenteile.

▲ *Von o. l.: Halsberge aus Kettenhemdmaterial, die Schultern und Kopf bedecken; das Kettenhemd; der Aketon, eine gesteppte Jacke, die unter dem Panzer getragen wird.*

Plattenpanzer waren nicht billig. Es war gängige Praxis, einem gefangenen Ritter die Rüstung als Teil seiner Auslösung abzunehmen. Froissart berichtet in seinen *Chronicles*, dass Papst Clemenz` Neffe Raymond 1339 bei Tournai nach seiner Kapitulation getötet wurde, weil seine Feinde die Plattenrüstung begehrten. Dieser unritterliche Akt „brachte viele gute Männer in Rage“. Die Ritterrüstung sollte den Träger schützen. Sie war zudem wichtiges Statussymbol, ein Abzeichen ritterlicher Überlegenheit. Plattenpanzer waren relativ leicht, kaum schwerer als das Kettenhemd. Einige der besten Rüstungen wogen nur 25 kg.

HELME UND SCHILDE

Der einfache kegelförmige Helm, der von den Normannen bei Hastings getragen wurde, entwickelte sich schrittweise weiter. Anfangs trugen die Soldaten eine Kettenhemd-Kapuze oder Haube, mit gepolsterter Mütze darunter. Im frühen 13. Jh.

▲ *Der Pferdeschutz bestand im 12. Jh. aus Stoff; im Laufe des 15. Jh. wurden Pferdepanzer entwickelt, zunächst aus gehärtetem Leder, später aus Metallplatten.*

▼ *Seit dem 14. Jh. boten die vielen Plattenteile einen guten Schutz, obwohl das Fehlen von Harnisch und Nackenschutz die Ritter für die Bogenschützen verwundbar machte.*

fügte man einen zylinderförmigen Helm mit flacher Oberseite hinzu. Er bekam einen Schlitz in Augenhöhe und Atmungslöcher vor Nase und Mund. Gebogene Helme wurden seit 1270 benutzt, nachdem die Erfahrung gezeigt hatte, dass eine solche Oberfläche Schläge besser abwehrte als eine ebene. Die ersten Helme mit beweglichen Visieren wurden zur selben Zeit eingeführt. Im 14. Jh. wurden konische, italienische Helme, sogenannte Beckenhauben, berühmt – sie hatten ein schützendes Nasal oder ein Klappvisier, das den Mund bedeckte und wurden im Volksmund als „Hundeschnauzen" oder „Schweine-Gesichter" bezeichnet.

Die langen Drachenschilde, welche die Normannen trugen, verwendeten auch die Kreuzritter. Diese Schilde hatten meist eine abgerundete Spitze und waren aus Holz, bedeckt mit Leder, das solange gekocht wurde, bis es sehr hart war. Im 12. Jh. wurden Schilde mit abgeflachter Spitze hergestellt. Als sich die Rüstungsqualität verbesserte, baute man kleinere Schilde. Seit dem 14. Jh. trugen Ritter einen kompakten Armschild in Form eines Bügeleisens, bekannt als „Ofen-Schild". Vom 15. Jh. an brauchten Ritter keinen Schild mehr. Sie wurden aber weiterhin auf Turnieren benutzt.

► *Helmen mit offenem Gesichtsfeld folgten Helme mit flachen Kappen und Augenschlitzen, dann mit gebogenen Kappen, bis es Helme mit gelenkigen Visieren gab.*

DER RITTER IN DER SCHLACHT

IHR EINSATZ IM KAMPF

Das Grundmuster der Schlachten im Ritterzeitalter war stets dasselbe: Die Kavallerie griff in mehreren Wellen an, das Fußvolk bildete einen Verteidigungsblock. Verlief ein Angriff gut, rückte das Fußvolk vor, um die Berittenen zu unterstützen.

Gruppen von 30 bis 40 Personen kämpften unter einer Fahne. Diese Rittergruppen nannte man *Conrois*, mehrere *Conrois* bildeten eine *Bataille* und zwei oder drei *Batailles* konnten sofort in das Kampfgeschehen eingreifen. War ein vorgetäuschter Rückzug geplant, wurde eine weitere *Bataille* als Reserve zurückgehalten. Hatte der Feind seine Verteidigungsposition verlassen, um die Verfolgung der Streitkräfte aufzunehmen, sollte diese den Feind angreifen.

DISZIPLIN

Griff die Kavallerie zu früh an, konnte das die Katastrophe bedeuten. Anführende Ritter ließen sich manchmal von dem starken Wunsch treiben, den Sieg in einer Einzelaktion zu erringen: Sie führten risikoreiche Angriffe durch. 1187 führte der Tempelritter Gerard von Ridefort in der Schlacht von Cresson bei Nazareth lediglich 100 Ritter in einem Angriff gegen eine gewaltige muslimische Armee. Nur drei Ritter überlebten: einer von ihnen war der Urheber des Unglücks selbst, Gerard.

Selbst wenn ein Kavallerie-Angriff gut geplant war, konnte er in einer Katastrophe enden. Unter den Bedingungen auf einem Schlachtfeld konnte es für eine Gruppe von Rittern schwierig sein, sich neu zu formieren und ein zweites Mal anzugreifen. Im Tumult des Kampfes musste der einzelne nach der Fahne Ausschau halten, unter der er kämpfte. Genaugenommen musste der Angriff beim ersten Mal erfolgreich sein.

SIEG ODER NIEDERLAGE

Schlachten konnten durch einen gut geplanten Angriff schnell gewonnen werden, aber selbst eine starke Position konnte durch impulsive Ritter zunichte gemacht werden. Witterte die Verteidigungsarmee den Angriff, konnte sie eine Gegenattacke starten. Es war für die Befehlshaber schwierig, in einer aus stolzen Adligen bestehenden Armee Disziplin zu wahren und es wurden Gruppen getrennt, um so etwas zu verhindern. Gerade auf Kreuzzügen konkurrierten die ritterlichen Bruderschaften oftmals um den größten Ruhm.

UNENTSCHIEDEN

Wurde Disziplin gewahrt, kam es vor, dass die Armeen nur widerwillig den ersten Schritt wagten. Das geschah auch 1212 in Spanien in der Schlacht von Las Navas de Tolosa. Die vereinigten Armeen der christlichen Könige von Kastilien, Aragon, Navarre und Portugal sammelten sich zwei volle Tage lang zum Widerstand gegen die Streitkräfte der muslimischen Almohaden. Oft ging einer Schlacht ein Geplänkel zwischen einzelnen Rittern oder Rittergruppen voraus. Diese versuchten, den Feind so zu reizen, dass er angriff. Auch die Almohaden gingen so vor. Sie versuchten, die Christen zu provozieren. Doch diese widerstanden der Provokation. Der Angriff schließlich war erfolgreich. Er brachte den christlichen Rittern den Sieg. 100.000 Gegner wurden getötet oder gefangengenommen.

WIRKUNG DER RÜSTUNG

Die Entwicklung der Ritterrüstung hatte Einfluss auf den Kampfstil der Ritter. Verschiedene Arten von Panzerrüstungen boten mehr bzw. weniger Bewegungsfreiheit. Falsch ist, dass Ritter nach der Entwicklung des Plattenpanzers durch die schwere Kleidung so gut wie immobilisiert waren und von einem Kran in den Sattel gehoben werden mussten. Der Plattenpanzer war leicht, und Ritter konnten – selbst wenn sie die Ausrüstung trugen – damit rennen und auf ihr Pferd springen. Wahr ist jedoch, dass Plattenpanzer die Leistungsfähigkeit eines abgesattelten Ritters einschränkten. Der Ritter in Montur konnte sich nicht so leicht bewegen wie seine Vorfahren in der Brünne, weil der Plattenpanzer für einen zu Pferd kämpfenden Ritter konstruiert war und nicht für einen Bodenkämpfer.

▼ *Christliche Streitkräfte besiegen 1212 die Almohaden-Armee in Las Navas de Tolosa. Die Schlacht war Teil des von Papst Innozenz III. ausgerufenen Kreuzzugs.*

RITTER ZU FUSS

Wurde ein Ritter in Rüstung vom Pferd gestoßen, war er bemüht, wieder aufzusatteln. Gelang ihm dies nicht, musste er zu Fuß weiterzukämpfen.

In der Schlacht von Bouvines fielen Philip der IV. und Otto der IV. im Nahkampf vom Pferd: Otto konnte durch seine tapferen sächsischen Wächter gerettet werden, Philip aber – der jung und sportlich war – gelang es, wieder aufzusatteln und weiterzukämpfen. In der Schlacht von Poitiers im Jahre 1356 wurden jede Menge Pferde der französischen Ritter durch die englischen Bogenschützen getötet. Dadurch waren die Ritter dazu verurteilt, zu Fuß zurechtzukommen – mit nur mäßigem Erfolg.

Ein Fußsoldat konnte einen Ritter relativ leicht zur Strecke bringen, wenn er mit seinem Dolch in Löcher im Panzer oder in die Verbindungen zwischen den einzelnen Panzerteilen stach.

In der Mitte des 14. Jh., der Zeit der Schlacht von Poitiers, wurde der Plattenpanzer schrittweise weiterentwickelt und viele Ritter trugen sowohl Kettenhemd als auch Plattenpanzer. Dieser doppelte Schutz wog schwer, und die Ritter waren dadurch stark beeinträchtigt, insbesondere, wenn sie vom Pferd fielen.

▲ *In vielen Schlachten des Hundertjährigen Krieges entschlossen sich Ritter abzusatteln und Seite an Seite mit den Infanteriekräften zu kämpfen. Die Fußsoldaten sollten die Kampflinie halten und einen Kavallerie-Angriff abwehren.*

DIE ROLLE DER INFANTERIE

In den meisten Schlachten hatte die Infanterie eine Schlüsselposition inne. Die Ritter einer Kavallerie hofften im Allgemeinen, die Fußsoldaten, denen sie entgegenritten, zerstreuen oder zumindest so viele von ihnen töten zu können, dass die defensive Infanterie-Einheit zu durchbrechen wäre. War das Fußvolk in Zweier- oder Dreiergruppen gespalten, konnten die Ritter diese herauspicken, hielt es jedoch diszipliniert die Stellung, hatte die angreifende Kavallerie nur geringe Chancen, ungeschoren durch die Reihen der Infanterie zu kommen. Waren Ritter und Pferd in einen Nahkampf mit Fußsoldaten verstrickt, waren sie relativ verletzlich.

In der Schlacht von Hastings 1066 konnten die normannischen Kavalleriekräfte nur geringe Stoßkraft entfalten und die angelsächsischen Fußsoldaten, die hinter einer Mauer aus Schilden kämpften, hätten den Tag für sich entscheiden können, wären sie stark geblieben und nicht aufgebrochen, um dem vorgetäuschten normannischen Rückzug zu folgen.

▼ *In der Schlacht von Bouvines 1214 gewinnt die französische Kavallerie einen Kampf gegen die deutsch-flämischen Ritter von Otto IV.*

RICHARD LÖWENHERZ

KÖNIG RICHARD I. VON ENGLAND

König Richard der I. von England, auch Richard Löwenherz genannt, war eine gefeierte Figur. Berühmt waren seine Eroberungen im Dritten Kreuzzug von 1190–1192: Richard I. besiegte den muslimischen Sultan Saladin. Richard war ein hervorragender Befehlshaber, der die richtigen strategischen Entscheidungen traf und seine Beurteilungen nicht vom Wunsch zu siegen trüben ließ. Dennoch lebte er wie andere Führungsfiguren dieser Epoche meist nicht nach dem ritterlichen Kodex, geschweige denn nach christlicher Doktrin. Seine Handlungen waren oft selbstsüchtig und ehrwidrig – er nahm an Plünderungen teil, wurde der Vergewaltigung beschuldigt und des Mordes verdächtigt, und zweimal erhob er sich gegen seinen eigenen Vater.

▼ *Die Statue von Richard I. vor dem Parlament Englands veranschaulicht seinen heroischen Status in der englischen Vorstellung.*

RICHARD I.
Geboren: 8. September 1157
Gestorben: 6. April 1199
Ritterschlag: 1173
Berühmt für: Charisma, Tapferkeit und seine Fähigkeiten als Feldherr
Größter Erfolg: Sieg über Saladin, Arsuf, 7. September 1191

EIN FAIBLE FÜR DAS RITTERTUM

Der Sohn König Heinrichs II. und dessen Ehefrau, Eleanore von Aquitanien, erblickte 1157 in Beaumont Palace, Oxford, das Licht der Welt. Der Einfluss seiner Mutter war stark. Sie war im Zweiten Kreuzzug (1147–1149) mit ihrem ersten Ehemann König Ludwig VII. von Frankreich mitgereist und war eine begierige Leserin der Ritterliteratur. In dieser Hinsicht ähnelte Richard seiner Mutter: Er liebte und schrieb selbst Gedichte in französischer Sprache und okzitanischem Dialekt. Muslimischen Quellen zufolge hatte er zudem Interesse an arabischer Kultur. Er soll ein attraktiver Mann gewesen sein, groß, mit rotblondem Haar und blasser Haut.

ERSTE KRIEGSERLEBNISSE

Loyalität und Verantwortungsgefühl waren bei Richard unterentwickelt. 1173 schloss er sich seinen Brüdern Heinrich, dem jungen König, und Gottfried, dem Grafen von Britannien, zu einem Aufstand gegen seinen Vater König Heinrich II. an. Die drei Söhne versammelten sich auf dem Schloss von Ludwig VII. von Frankreich, Eleanores erstem Ehemann. Dort wurde Richard im Alter von 15 Jahren von Ludwig zum Ritter geschlagen, woraufhin er im Juli 1173 zu seinem ersten Feldzug aufbrach, eine Invasion der östlichen Normandie. Das Unterfangen scheiterte. Heinrich II. stellte eindrucksvoll seine Autorität klar und im Jahre 1174 bat ihn Richard um Vergebung und schwor einen Unterwürfigkeitseid.

▲ *Richard war erfolgreich. Als er auf dem Dritten Kreuzzug im April 1191 bei Acre landete, wurde die Stadt bereits 20 Monate lang belagert. Er eroberte sie in fünf Wochen.*

EIN BRILLANTER STRATEGE

In diesem Lebensabschnitt herrschte Richard als Feudalherr über Aquitanien und als Graf über Poitou, beide Gebiete gehörten zu Frankreich. Er entwickelte sich schnell zu einem ausgezeichneten Krieger und Befehlshaber. So gelang es ihm, die Aufstände der Barone von Aquitanien niederzuschlagen. Der Troubadour Bertran von Born schrieb über den jungen Richard: „Er belagert und verfolgt seine Feinde, er reißt ihre Burgen an sich, unter ihm gibt es Zertrümmerung und Brände in allen Himmelsrichtungen."

Richard stellte seine effiziente Militärstrategie unter Beweis, als er die Burg von Taillebourg nahe dem Fluss Charente eroberte. Die Burg galt als uneinnehmbar, da sie an drei Seiten von Klippen umgeben war und an der vierten Seite eine Stadt lag. Richard plünderte die Stadt, Bauernhöfe und die komplette umliegende Landschaft, und er bedrohte die Menschen so lange, bis sie alles riskierten und herauskamen, um

▶ *Im Heiligen Land traf Richard auf den anderen berühmten Ritter seiner Zeit – den muslimischen General Saladin. 1191 siegte Richard bei Arsuf, seine Friedensbedingungen wurden 1192 in Jaffa angenommen.*

sich ihm zu stellen. In einer offenen Schlacht besiegte er sie und besetzte die Burg, die er kurz darauf zerstörte.

KÖNIG DER KREUZRITTER

Im Jahre 1187 verbündete sich Richard mit Philip II. von Frankreich, und im Folgejahr verübte er erneut einen Aufstand gegen Heinrich II. Richard und Philip besiegten die Streitkräfte Heinrichs und dieser ernannte, bevor er starb, seinen Sohn zum Erben. Richard wurde am 3. September 1189 im Westminster Abbey zum König von England gekrönt. Sogleich beschloss er, die Abgaben für einen Kreuzzug zu erhöhen. 1190 brach er mit Philip II. zum Kreuzzug auf.

Richards erste Handlung auf dem Kreuzzug war im Juni 1191, zu helfen, den Hafen von Acre zu erobern. Er litt stark unter Skorbut und lag auf einer Trage, aber Berichten zufolge soll er stark genug gewesen, um an der Stadtmauer einen Wächter nach dem anderen mit einer Armbrust zu erschießen, während seine Gefolgsmänner seine Trage von hier nach dort trugen. Die Besetzung hatte Erfolg. In der Zwischenzeit gab Philip II. den Kreuzzug, den er mit Richard begonnen hatte, auf.

Nach Acre ließ Richard seine Armee nach Süden in Richtung Jaffa marschieren. Saladin startete einen Großangriff bei Arsuf, aber Richard konnte einen Sieg über den muslimischen General verbuchen. Später soll er weiter nach Jerusalem marschiert sein, aber als er einsah, dass er die Stadt nicht würde halten können, selbst wenn er sie eingenommen hätte, schlug er Friedensverhandlungen vor. Diese Entscheidung ist typisch für Richards praktischen Realismus. Er stimmte einem Pakt mit Saladin zu, wonach Jerusalem in muslimischen Händen bliebe, aber Pilger Zutritt zur Stadt hätten, und er schiffte im September 1192 nach Europa aus. Seine Heimkehr war erniedrigend. Er wurde schiffbrüchig und vom Heiligen Römischen Kaiser Heinrich IV. gefangengenommen und eingesperrt. Die Auslösesumme betrug 150.000 Mark.

TOD BEI CHALUS

Nach einem kurzen Besuch in England im April 1194, wo er zum zweiten Mal zum König gekrönt wurde, verbrachte er die letzten fünf Jahre seines Lebens damit, um seine französischen Besitztümer zu kämpfen. Er starb, nachdem er von einer Armbrust im Nacken getroffen worden war, an den Folgen eines Wundbrandes.

ANSEHEN UND CHARAKTER

Berichte lassen vermuten, dass Richard sowohl ein intelligenter Stratege als auch ein charismatischer Kommandant war. Er demonstrierte wiederholt seine Tapferkeit im Kampf. Nach Richard von Devizes, ein Chronist des 12. Jh., waren die Männer von König Richard gewillt, unter seinem Kommando „in Blut bis zu den Säulen des Herkules zu waten“.

Im 20. Jh. kam der Gedanke auf, Richard sei homosexuell gewesen. Er hatte kaum Zeit mit seiner Frau verbracht und hatte auch keine Kinder mit ihr. Einen unehelichen Sohn jedoch soll er gehabt haben. Einige Historiker behaupten, er hätte eine Liebesaffäre mit Philip II. gehabt und man munkelt, dass der Bruder seiner Frau (später Sancho VII. von Navarre) ein weiterer Liebhaber Richards gewesen sei. Moderne Historiker bezweifeln das allerdings und halten es für Fehlinterpretation von Texten. Ihrer Ansicht nach gibt es überhaupt keine Quellen, die in irgendeiner Form auf Richards Sexualität schließen ließen.

◀ *Richard wurde neben seinem Vater Heinrich II. und seiner Mutter Eleanore von Aquitanien im Kloster Fontrevault bei Chinon begraben.*

KRIEGSSPEKTAKEL

GEDRÄNGE AUF DEM SCHLACHTFELD

Die Armeen des Ritterzeitalters lieferten ein beindruckendes Bild. Das Fußvolk wirkte durch seine gewichtige Masse unter wehendem Banner. Dazu der Anblick der Ritter – mit Helm, Rüstung und Wappenrock, auf kraftvollen Pferden mit einem farbenprächtigen Schild, den ein Wappen zierte, und dazu im Licht schimmernd das Schwert, die Lanze und andere Waffen. In Ritterliteratur und Chroniken heißt es, dass die körperliche Erscheinung des Ritters entscheidender Bestandteil der Wirkung auf andere war.

RITTERLICHE DARSTELLUNG

Die Darstellung nach außen spielte für den Ritter eine wichtige Rolle. Der Hauptzweck seiner Rüstung war der Schutz, aber fast genauso wichtig war dessen Funktion als Statussymbol – die Uniform einer Elite. In der Schlacht demonstrierten Ritter ihren Wohlstand und strebten nach einem ehrenvollen Ruf. Das war ihnen auch beim strategischen Rollenspiel, der *Mêlée*, oder bei Einzelkämpfen des Turniers sehr wichtig. In mittelalterlichen Epen, Romanen und Chroniken wurden die Schlachten kaum anders dargestellt als Turniere.

▼ *Königliche oder adlige Mitglieder der Ritterklasse sahen ihre oft goldenen Rüstungen als Statussymbole an.*

▲ *Der italienische Abenteurer Roger de Flor schreitet mit einer prachtvoll gekleideten Armee von spanischen Almogavarsöldnern in Konstantinopel ein, um im Dienste des byzantinischen Kaiser Andronicus II. gegen die osmanischen Türken zu kämpfen.*

RÜSTUNGEN, DIE WIE FEUER BRENNEN

Im 87. *Laisse* (Versabschnitt) des *Rolandsliedes* beschreibt der Dichter, wie die Armee von Karl dem Großen den Pass von Roncevalles in den Pyrenäen durchquert. Er berichtet, wie sich die Abendsonne auf ihrer Rüstung spiegelt, sodass ihre Helme und Hauberte aus Feuer zu bestehen scheinen, während die hellen, mit Blumen bemalten Schilde, die Banner und Abzeichen an Lanzenfähnchen, die in der Brise wehen, einen beeindruckenden Anblick bieten. Wir erfahren, dass die muslimische Armee von König Marsiliun, die umkehrte, um Roland zu töten, einen wundersamen Anblick bot – die Krieger trugen goldene Helme, die mit Juwelen besetzt waren und mit Gold lackierte Kettenhemden und leuchtende Schilde. In ähnlicher Weise beschreibt Froissart in seinen *Chroniken* die Ritter und deren forsches Voranschreiten mit dem Speer in der Hand im Jahre 1387 bei Noya in Spanien: „Um die Wahrheit zu sagen, dies ist ein fabelhafter Anblick."

In der Schlacht war die ritterliche Darstellung – Ritter trugen kostbare Rüstungen, benutzten prachtvolle Waffen – eine Methode, den Feind einzuschüchtern. Berichten über die Schlacht von Hastings zufolge ritt einer von Lord Williams Rittern aus, bevor der eigentliche Kampf begann, um zwischen den beiden Armeen seinen Mut zu demonstrieren – ein Ausdruck des Spotts normannischer Überlegenheit. Dieser Ritter, ein Minnesänger, der Ivo Taillefer genannt wurde, sang das *Rolandslied*, während er Lanze und Schwert in die Luft warf und diese wieder auffing. Ein angelsächsischer Krieger rückte vor, doch Taillefer tötete und enthauptete ihn – und stellte seinen Kopf als Zeichen, dass Gott auf der Seite der Normannen wäre, zur Schau.

MASSENHAFT DIENSTGRADE

Neben der Zurschaustellung des Reichtums kämpfender Adliger betonen Ritterliteratur und Chroniken einen weiteren Aspekt: das riesige Ausmaß des Schauspiels. König

DES RITTERS SCHWERT

Die schönsten Waffen waren ein Zeichen ritterlicher Größe. Tatsächlich war das Schwert quasi die „Visitenkarte" des Ritters. In der romantischen Literatur hatten große Ritter stets beeindruckende Schwerter, die ihnen einen Hauch von Tapferkeit und Heldenmut verliehen: Karl der Große hatte Joyeuse, sein Ritter Roland hatte Durendal und König Arthur Excalibur. Das Schwert war ein wertvoller Gegenstand, der oftmals mit Silber an der Klinge und Juwelen am Griff bestückt war. Es galt als heilig. Das gebräuchlichste Modell besaß eine recht große Parierstange zwischen Klinge und Griff; wurde es nach unten gehalten, nahm es die Form eines christlichen Kreuzes an. Knappen beteten über ihrem Schwert, bevor sie zum Ritter geschlagen wurden.

► *Das Schwert eines Ritters war eine Erinnerung an seine Berufung als Krieger Christi, besonders, wenn es beim Beten als Kruzifix benutzt wurde.*

Marsiliuns Armee aus dem *Rolandslied* ist eine „gewaltige Heerschar", die in nicht weniger als 20 Schlachtordnungen unterteilt war – Einheiten, die in einem engen Bergpass angriffen. In zahlreichen Berichten über die Schlacht von Bouvines wird behauptet, dass die Armee Philips II. aus ungefähr 60.000 Franzosen bestanden habe, mit nicht weniger als 9000 Rittern, während die kaiserlichen Streitkräfte Ottos IV. 25.000 Männer ausmachten. In Wirklichkeit aber bestand Philips Armee wohl aus nicht mehr als 1200 Rittern und ungefähr 5000 Infanteristen, während Ottos Streitkräfte um die 1500 Ritter und 6000 Fußsoldaten zählten. Und das, obwohl die Schlacht bereits mit sehr viel mehr Personal geführt wurde als die meisten anderen Zusammenstöße des 12. und 13. Jh.

EINSATZ VON BANNERN

Zu den farbenprächtigsten Elementen auf dem Schlachtfeld gehörten die Banner, die hoch über den kämpfenden Männern tanzten. Sie waren ein wichtiges Erkennungszeichen für Ritter, die nach einem Angriff der Kavallerie oder nach einem Nahkampf „in alle Winde" verstreut waren. Diese Ritter hatten häufig Mühe, sich ihren Weg zurück zu ihrem Banner freizukämpfen. Für eine Gruppe mag es schwer gewesen sein, sich neu zu formieren, war sie erst einmal aufgelöst. Obwohl militärische Bruderschaften in Konkurrenz um den Ruhm auf dem Schlachtfeld standen, besagte die Regel der Tempelritter, dass ein Templer, falls von seinem eigenen Banner abgeschnitten, nach den Johanniter-Rittern Ausschau halten solle oder, wenn dies misslinge, nach jedem anderen christlichen Banner.

▼ *Banner flattern über der Mêlée von Ritter und Fußvolk, als die englischen und französischen Armeen in der Schlacht von Poitiers am 9. September 1356 aufeinanderstießen. Die Engländer siegten.*

DAS ZEITALTER DER BELAGERUNGSKRIEGE

TECHNIKEN ZUR EROBERUNG EINER BURG

In der frühen mittelalterlichen Kriegsführung war die Einnahme einer Burg meist gleichbedeutend mit dem Sieg. Zu den Feldzügen gehörten deshalb oft Belagerungen. Diese konnten mehrere Monate dauern. Häufig stand am Ende ein schmutziger und erbitterter Kampf.

FESTUNGEN

Marschierten Normannen irgendwo ein, bauten sie als Basis sofort eine Festung. Von dort aus versuchten sie, das Territorium zu erobern. War das Land einmal in ihrer Hand, nutzten sie die Burg, um von dort aus ihre Macht zu konsolidieren: Ihre Anwesenheit schüchterte die einheimische Bevölkerung ein. Näherten sich Feinde der Burg, verteidigte die Besatzung nicht nur, sie konnte aus der Sicherheit der Burg heraus auch Feinde angreifen.

Eine Armee konnte deshalb nicht ohne Risiko eine Burg umgehen. Eine Armee, die irgendwo einmarschierte, musste also zunächst jede Burg auf dem Weg besetzen und die jeweilige Besatzung entweder vertreiben oder sie zur Kapitulation zwingen, bevor sie weiter vorrücken konnte.

ANGRIFF ODER BELAGERUNG

Eine angreifende Armee hatte zwei Möglichkeiten: einen Überfall zu initiieren oder eine Belagerung einzuleiten, Versorgungswege abzuschneiden und die Besatzung in eine hoffnungslose Situation zu treiben.

Doch eine Belagerung war alles andere als leicht. Dauerte sie lange, konnte es schwierig werden, die eigene Armee zusammenzuhalten. Manchmal ging die Dienstzeit der vom Feudalherrn einberufenen Soldaten zu Ende und sie durften in ihre Heimat zurück. Bemerkenswert ist, dass König Heinrich II. von England, der erfolgreiche Belagerungen anführte, sich auf Söldnertruppen verließ, weil Söldner sich damit zufrieden gaben, bleiben zu dürfen und bezahlt zu werden. Sie wollten nicht nach Hause. Ein anderes Problem war das Krankheitsrisiko.

Es war zudem schier unmöglich, eine Burg in guter Lage komplett abzuschotten. König Eduard I. von England ließ seine beeindruckenden walisischen Burgen so bauen, dass sie vom Meer aus beliefert werden konnten. 1401 gelang es Owain Glyndwr, dem selbstgekrönten „Prinz von Wales“, die Harlech-Burg einzunehmen. Er errichtete eine Total-Blockade durch seine eigenen Truppen zu Land und durch eine von seinen französischen Verbündeten gestellte Flotte zur See.

BELAGERUNGSAUSRÜSTUNG

Die Angreifer hatten oft eine spezielle Ausrüstung, um eine Lücke in die Burgverteidigung zu schlagen: die *Mangonel*, eine Wurfmaschine oder ein Katapult. Damit waren sie in der Lage, Steine gegen die Mauern der Burg zu schleudern. Manchmal benutzten sie auch Rammböcke, um sie zu durchbrechen; oder sie versuchten, die Mauern mit Leitern zu erklimmen – eine Technik, die „Erstürmung“ genannt wurde. Diese war überaus gefährlich, denn die Angreifer lieferten sich der Gefahr aus, von Pfeilen, Geschossen oder Flüssigkeiten, die von von den Burgmauern aus herabge-

▼ Die Befestigungsanlagen der Harlech-Burg in Wales erhoben sich auf einem 60 m hohen Felsen. Die englische Besatzung überlebte eine Belagerung durch die Streitkräfte von Madoc ap Llywelyn (1294-1295).

schleudert und geworfen wurden, verletzt oder getötet zu werden.

Besser war es da schon, einen *Belfried* zu benutzen, einen Turm, der gegen die Mauern der belagerten Burg gelehnt wurde. Dieser war meist höher als die Mauer, sodass die Angreifer hinaufklettern und von dort auf die Besatzung herabfeuern konnten, um dann über eine Brücke, die von der Spitze des Belfrieds herabgelassen wurde, über die Mauern zu steigen. Der Belfried bestand meist aus Holz, war aber mit in Wasser getränkten Tierhäuten eingehüllt, um es den Verteidigern zu erschweren, ihn in Brand zu stecken. Eine andere Strategie verfolgte König Heinrich V. von England in Rouen in Frankreich (1418–1419). Er unterbrach die Wasserversorgung und ließ tote Tiere in die zugänglichen Brunnen werfen. Am Ende brach eine Seuche in der Stadt aus und die Besatzung wurde zur Aufgabe getwungen.

DIE ROLLE DER RITTER

Am Anfang einer Belagerung spielten Ritter meist keine wesentliche Rolle. Speziell ausgebildete Soldaten kannten sich mit der Belagerungsausrüstung aus und bedienten Maschinen wie Mangonel, Katapult oder Rammbock. Ritter führten den Angriff an,

▲ *Englische Truppen feuern im Hundertjährigen Krieg von einem Belagerungsturm aus und schwingen eine Leiter hinüber in die französische Stadt.*

▼ *Drei Kreuzritter-Armeen – die des Königreichs von Jerusalem (oben links), von Frankreich (unten links) und Deutschland (rechts) verbünden sich im Zweiten Kreuzzug bei der Belagerung von Damaskus. Ihr Angriff misslingt.*

erkletterten den Belfried oder stürmten durch die Bresche in die Mauer. Auf der anderen Seite gehörten Ritter oft zur Besatzung der belagerten Burg. War diese erst einmal von feindlichen Rittern gestürmt, gab es nicht selten ritterliche Begegnungen zwischen den beiden Gruppen.

TUNNELKÄMPFE

Es wurde auch versucht, die Mauern einer Burg zu untertunneln. Die Angreifer gruben auf der einen Seite, während gleichzeitig die Verteidiger begannen, einen Gegentunnel zu graben, um die Angreifer zurückdrängen zu können. Die Verteidiger stellten innerhalb der Außenmauern Wasserschalen auf. Sahen sie Wellen auf dem Wasser, wussten sie, dass die Angreifer einen Tunnel gruben. Trafen Tunnel und Gegentunnel aufeinander, gab es den merkwürdigen Brauch, dass sich Ritter beider Seiten einen Einzelkampf lieferten. Während der Belagerung der französischen Stadt Melun im Herbst 1420 führte König Heinrich V. von England solch einen Kampf zu Pferde in einem Tunnel unter den Stadtmauern. Die Wände des Tunnels waren von Fackeln an den Mauern erleuchtet. Solche Anlässe waren für Ritter eine Gelegenheit, sich zu profilieren. Es war ein Brauch der dort kämpfenden Ritter, lebenslang ritterliche Partner zu werden – „Waffenbrüder“.

PLÜNDERUNGEN UND BRANDSTIFTUNGEN

DIE REALITÄT IN DER MITTELALTERLICHEN KRIEGSFÜHRUNG

Mittelalterliche Feldzüge verwüsteten Städte und Landschaften. Dies gilt insbesondere für die Mitte des 14. Jh., als der Hundertjährige Krieg zwischen England und Frankreich tobte. Plünderungsraubzüge wurden *Chevauchée* genannt (franz. für „ein Pferd besteigen"); vermutlich kommt die Bezeichnung daher, dass die hereinfallende Armee mit hoher Geschwindigkeit durch die Landschaft fegte. Raubüberfälle wurden als eine Art wirtschaftliche Kriegsführung geplant. Dahinter stand die Absicht, die Fähigkeit des Feindes, den Krieg weiterzuführen, zu untergraben. In einer Zeit, in der Generäle nur widerwillig Fußvolk und Ritter dem Risiko einer offenen Feldschlacht auslieferten, sollten Chevauchée-Überfälle eine verteidigende Armee dazu zwingen, sich aus ihrer relativ sicheren Lage in der Burg oder verstärkten Stadt heraus zu wagen, um auf dem Schlachtfeld zu kämpfen.

▲ *Generäle, führende Ritter und sogar einfache Armeeangehörige konnten durch ihre Plünderungen in den eroberten Städten reich werden.*

▼ *Wenn eine feindliche Armee durch das Land tobte und Häuser und Höfe in Brand setzte, waren die Einheimischen völlig machtlos, dem etwas entgegenzusetzen.*

PLÜNDERUNG DER NORMANDIE

Im Juli 1346 landeten König Eduard III. von England und sein Sohn Prinz Eduard von Wales (später der „Schwarze Prinz") in der Normandie. Ihre Armeen ließen sie entlang der Halbinsel Contentin westwärts nach Caen marschieren. Auf ihrem Wege raubten und plünderten sie. Mit der englischen Flotte realisierte Eduard einen Angriff auf Caen. Seine Soldaten ergossen sich in die Straßen der Stadt und plünderten alles, was nicht niet- und nagelfest war. Schenkt man den Berichten Glauben, dass Eduard die Schändung von Frauen, Kindern und Kirchen verboten hatte, war doch klar, dass dieses Verbot während der brutalen Einnahme der Stadt missachtet wurde.

Der Chronist Jean Froissart, der ritterliche Taten in den Vordergrund stellte, berichtet in seinen *Chronicles*, dass Sir Thomas Holland durch die Stadt ritt und es schaffte, das Leben vieler Frauen, Kinder, Nonnen und Mönchen vor dem wütenden englischen Pöbel zu retten.

Die Beute wurde schließlich auf die Schiffe der Flotte verladen, um über den Kanal transportiert zu werden – Froissart notierte, dass die Schiffe „mit feinsten Kleidern, wertvollen Juwelen und Gold- und Silbergegenständen beladen waren".

VERBRANNTE ERDE

Die Chevauchée-Kriegsführung brachte nicht nur Plünderungen mit sich, sondern auch mutwillige Zerstörungen und furchtbare Brände auf dem Land. 1339 – ein früher Feldzug unter Eduard III. – kletterte ein Chronist in der Nacht auf das Dach einer Kirchturmspitze unweit von Cambrai in Nordfrankreich. Von oben konnte er sehen, wie das Land in allen Himmelsrichtungen in Flammen loderte. Von 1355–1377 führte Eduard, der Schwarze Prinz, einen Chevauchée-Feldzug in Frankreich an. Sir John Wingfield, Verwalter und Stadtrat unter dem Schwarzen Prinzen, schrieb, dass in den Raubzügen Landschaften und Städte zerstört wurden, die „für den König von Frankreich jedes Jahr mehr Geld einbrachten, um seinen Krieg zu unterhalten, als es die Hälfte seines Königreichs tat".

POLITISCHE HERAUSFORDERUNG

Dass eine englische Armee ungestraft Frankreich überfiel, war eine bewusste Beleidigung des Königs von Frankreich. Im Sommer 1370 marschierte Sir Robert Knowles (oder Knollys) unaufhaltsam von Calais zur Île de France (Paris), verwüstete die auf der Strecke liegende Landschaft und verspottete dann den französischen König in seiner Hauptstadt.

Die Raubzüge sollten die Unterstützungsbereitschaft der Bürger in den überfallenen Gegenden für den französischen Monarchen untergraben. Wenn die Einheimischen merken würden, dass sie auf den königlichen Schutz nicht zählen konnten, würden sie, so meinte man, ihren Glauben in den König verlieren.

Beide Chevauchée-Feldzüge, die von Eduard 1346 und 1355–1357 angeführt wurden, provozierten militärische Reaktionen der Franzosen – und diese wiederum führten schließlich zu gefeierten englischen Siegen in der Schlacht von Crecy (1346) und Poitiers (1356).

WIRTSCHAFTLICHE KRIEGSFÜHRUNG

Die Chevauchée-Taktik war hochprofitabel, weil sie zur Eroberung von Beute und Hunderten von Gefangenen mit dem Anspruch auf Lösegeld führte. Darüber hinaus war es eine durchaus wirtschaftliche Überlegung, Kriege zu wagen.

Die Raubzüge konnten von kleinen Armeen mit wenigen tausend Mann durchgeführt werden und erforderten damit nicht den Aufwand, der für lange Feldzüge, die mit größeren Schlachten und Belagerungen einhergingen, erforderlich waren. Die Raubzüge trafen in jeder Hinsicht wirkungsvoll die Finanzen und die Moral des Feindes, führten aber nicht zu großen und ausgedehnten Eroberungen, die mit ständiger und teurer Besatzung hätten verteidigt werden müssen.

DIE BRUTALITÄT WILLIAMS I.

Die Chevauchée-Taktik wird von Historikern in erster Linie mit den Feldzügen Mitte des 14. Jh. und dem Hundertjährigen Krieg verbunden. Doch derartig strafende Raubzüge wurden auch anderswo militärisch eingesetzt. Beispielsweise wendete William I. ähnliche Strategien in seiner berüchtigten „Plünderung des Nordens" im Jahre 1069–1070 an, als seine Armee Dörfer niederbrannte, Ernten zerstörte, das Vieh tötete und die Bevölkerung eines großen Teiles Nordenglands abschlachtete. 150.000 Menschen soll er getötet haben, und noch sehr viel mehr sollen in den Wintermonaten Opfer der Hungersnot und der Pest geworden sein.

Dieselbe Strategie wandten die Kreuzritter im Heiligen Land an. Während der Raubüberfälle Mitte des 14. Jh. entlang der englisch-schottischen Grenze wurde diese Taktik ebenfalls adaptiert. Sowohl Engländer als auch Schotten ließen beim Plündern und Rauben eine grausame und erbarmungslose Brutalität walten.

▲ *Männer, Frauen und Kinder sahen einem grauenvollen Schicksal entgegen, wenn eine Stadt in die Hände der Belagerer fiel. Befehlshaber waren, was plündernde Soldaten betraf, oft auf beiden Augen blind.*

„DER SCHWARZE DOUGLAS"

SIR JAMES DOUGLAS, LORD VON DOUGLAS

Sir James Douglas, berühmter Ritter der schottischen Unabhängigkeitskriege im frühen 14. Jh., war ein brillanter Vertreter der Guerilla-Kriegsführung. Ein Mann, dessen Raubüberfälle auf englische Burgen und Städte an der schottischen Grenze die Zuneigung seiner Landsleute und den Hass seiner englischen Feinde zur Folge hatte. Für die Schotten war er der gute Sir James, die Engländer nannten ihn den „Schwarzen Douglas". Er war ein enger Kriegskamerad von Robert (*the*) Bruce (König Robert I. von Schottland), der auf dem Weg ins Heilige Land im Kampf gegen die Sarazenen in Spanien sein Leben ließ. Dort, so hatte Sir James ihm versprochen, wolle er das herausgetrennte Herz Roberts vergraben.

KNAPPE IN PARIS

Sir James` Vater war Sir William Douglas der Kühne (auch „der Tapfere"), der gerade Gouverneur von Berwick Castle war, als die Burg am Karfreitag 1296 von der Armee König Eduards I. von England eingenommen wurde. Sir William wurde befreit, dann aber erneut gefangengenommen. Er starb 1298 in Gefangenschaft im Tower von London. In dieser Zeit weilte der jugendliche James Douglas gerade in Paris. Er trat als Knappe in den Dienst von William Lamberton, dem Bischof von St. Andrews. Als er mit Bischof William im Jahre 1306 nach Schottland zurückkehrte, musste Douglas feststellen, dass sein Familienbesitz enteignet und einem von Eduards I. treuen Soldaten, Robert de Clifford, überschrieben worden war.

Bischof William stellte Douglas am englischen Hof vor. Als Eduard sich weigerte, dem jungen Mann den Familienbesitz zurückzugeben, verbündete sich Douglas mit Robert (*the*) Bruce, der die schottische Krone nach dem Mord an seinem größten Rivalen John Comyn beanspruchte. Douglas erlernte die Guerilla-Kriegsführung, von der er später in einem verheerenden Maße Gebrauch machen sollte.

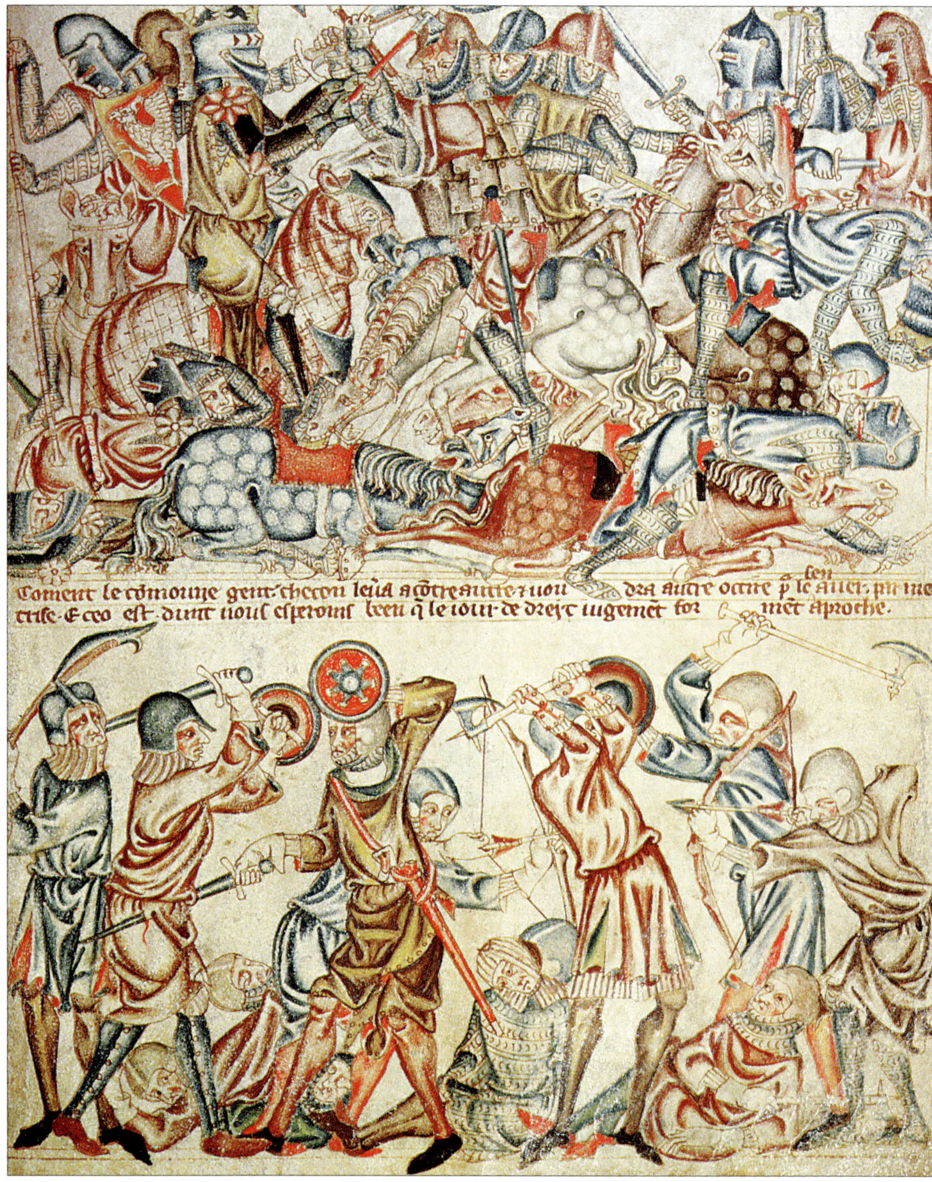

▲ *1314 in Bannockburn befehligte Sir James eine der vier Divisionen der 6500 Mann starken schottischen Armee von Robert (the) Bruce.*

DIE „DOUGLAS-SPEISEKAMMER"

Am Palmsonntag, 19. März 1307, griff Douglas die englische Besatzung der Douglas-Burg an, eine Festung, die eigentlich in seinem eigenem Besitz stehen sollte. Er und seine Truppen überraschten die Bewohner, die den Feiertag gerade festlich begingen. Sie stürmten mit dem Schlachtruf „Douglas! Douglas!" in die Küche und töteten wahllos alle Menschen. Die Leichen warfen sie in ein Feuer. Douglas vergiftete die Quellen, indem er tote Pferde und Salz hineinwarf. Der Angriff ging als „die Douglas-Speisekammer" in die Geschichte ein.

1314 griff er die Roxburgh-Burg an. Seinen Männern befahl er, die Burg im Schutz der Dunkelheit des Fastnachtsdienstags zu erstürmen. Die Wächter hielten die dunklen Gestalten für harmloses, umherirrendes Vieh. Doch plötzlich stellten schottische Soldaten Leitern an die Mauern und sprangen auf das Burggelände, wo sie die

Besatzung bei Feierlichkeiten überraschten. Douglas beschädigte die Verteidigungsanlagen, sodass die Besatzung die Burg nicht mehr verteidigen konnte.

EIN RITTER IN BANNOCKBURN

Später im Jahr kämpfte Douglas in Bannockburn gegen eine große englische Armee. Am Morgen des 24. Juni wurde er zum Ritter geschlagen – überraschend spät in seinem Leben. Wir haben hier ein interessantes Beispiel dafür, wie viele Männer jahrelang als Knappen kämpften.

In den Jahren nach Bannockburn erlangte Douglas seinen Ruf als „Schwarzer Douglas“ durch seine unbarmherzigen Raubzüge durch Nordengland. Auf diesen Raubüberfällen ritten er und seine Männer auf Ponys, die *Hobbins* genannt wurden. Soldat und Pferd als Einheit wurden *Hobelars* genannt. Douglas besiegte auch Sir Robert Neville von Middleham, bekannt als „Pfau des Nordens“.

„DOUGLAS! DOUGLAS!“

Im April 1318 beteiligte sich Douglas an der Eroberung von Berwick Castle. Die

▼ *Die Lage von Berwick Castle an der englisch-schottischen Grenze bewirkte, dass ihre Besitzer häufig wechselten. Sir James hielt einer Besatzung durch die Armee von König Eduard II. von 1318–1319 stand.*

JAMES DOUGLAS
Geboren: 1286
Gestorben: 25. August 1330
Ritterschlag: 24. Juni 1314
Berühmt für: seine Blitzangriffe auf Nordengland
Größter Erfolg: Sieg über Sir Robert Neville von Middleham, 1318

Burg war Englands letzter bedeutender Besitz in Schottland. Eduard II. von England ritt mit einer Armee gen Norden, um die Burg zurückzuerobern, er nahm Königin Isabella bis nach York mit. 1319, als die englische Armee außerhalb Berwicks ihr Lager aufschlug, führte Douglas einen Überfall auf Yorkshire durch und zwang Isabella, nach Süden zu fliehen. In der Schlacht von Myton besiegte er eine englische Armee, die vom Erzbischof von York aufgestellt worden war.

Douglas blieb den Engländern weiterhin ein Dorn im Auge. Als 1327 der junge König Eduard III. eine Armee nach Norden führte, überfiel Douglas in der Nacht deren Lager bei Stanhope in Nordengland. Seine Männer brüllten durch das Lager den angsteinflößenden Ruf „Douglas! Douglas!“, während sie 300 Engländer töteten und fast den König selbst als Gefangenen genommen hätten.

TOD IN SPANIEN

König Robert (*the*) Bruce starb im Jahre 1329, aber bevor er starb, bat er Sir James, seinen nun ältesten Waffenbruder, sein Herz zur Heiligen Grabstätte in Jerusalem zu bringen. Sir James brach im Jahre 1330 auf, das Herz des toten Königs in einer Silberschachtel um den Hals.

Unterwegs hörten er und seine Gefolgsmänner davon, dass König Alfons XI. von Kastilien und Leon einen Kreuzzug gegen die Sarazenen in Spanien führten; als gute Ritter, die süchtig nach Ruhm und Ehre im Namen Christi waren, änderten sie sofort ihren Kurs. In einer Schlacht bei Teba kam Douglas einem Ritter zur Hilfe, der von Sarazenen umzingelt war. Die Sarazenen waren in der Überzahl, was Douglas nicht davon abhielt, sich ins Kampfgewühl zu stürzen. Er warf die Silberschachtel mit dem Herzen seines Kameraden Bruce voraus und schrie: „Schreite du voran, sowie es deine Gewohnheit war, und ich werde dir folgen – sogar bis in den Tod!“ Douglas wurde getötet. Sein Körper und das Herz von Bruce wurden nach Schottland gebracht. Douglas wurde in der St. Brides-Kirche begraben, die Herzen von Douglas und Bruce im Melrose-Kloster beigesetzt.

RITTERTUM IN DER PRAXIS

Sir James war zu Lebzeiten ein gefeierter Ritter, aber man kann nicht gerade behaupten, dass er nach ritterlichen Regeln kämpfte. Seine Lieblingstaktik, die Guerilla-Kriegsführung, war wegen der begrenzten schottischen Mittel sehr effizient und wohl auch nötig, aber sie basierte auf Betrug, Täuschung und Rücksichtslosigkeit.

Seine mitreißende Lebensgeschichte ist keinesfalls einzigartig im Mittelalter. Wir kennen viele Beispiele, in denen der ritterliche Kodex mit seinen Idealen missachtet wurde, nur, um erfolgreich zu sein.

▼ *Dieser Turm ist alles, was heute von Douglas Castle – Schauplatz von Sir James Angriff auf die englische Besatzung im Jahre 1307 – übrig geblieben ist. Damals war die 1288 erbaute Burg gerade 19 Jahre alt.*

DAS GESCHÄFT DES KRIEGES

WIE RITTER MIT FELDZÜGEN UND TURNIEREN GELD VERDIENTEN

Durch Plünderungen und das Einfordern von Lösegeldern konnten Ritter zu Reichtum gelangen. Auch wenn der Ritterstand stets betonte, nur reine Motive für den Kampf zu haben, etwa Loyalität gegenüber einem Dienstherrn, war er doch „bestechlich". Ritter nahmen jeden finanziellen Vorteil an, der sich ihnen bot.

LÖSEGELDER

Für einen in der Schlacht gefangenen Ritter wurde Lösegeld gefordert, oftmals eine sehr hohe Geldsumme. Es gab eine allgemein akzeptierte Vereinbarung, dass die Auslösung nicht so hoch ausfallen durfte, dass es für den Ritter den Ruin bedeutet hätte. Die Auslösung eines Königs konnte unermesslich hoch ausfallen. Für König Richard I. von England, der 1192 auf seinem Rückweg vom Dritten Kreuzzug gefangengenommen und von Graf Leopold von Österreich und dem Kaiser des Heiligen Römischen Reiches, Heinrich IV., eingesperrt worden war, wurde ein Lösegeld von 150.000 Mark gefordert. Das entsprach 35 Tonnen Gold und dem Dreifachen des Jahreseinkommens der englischen Krone. Die Summe wurde vom Oberrichter Hubert Walter beglichen, der als Sicherheit Kirchenbesitztümer an sich riss und den Kirchenmännern als auch dem einfachen Volk gewaltige Steuern auferlegte.

Nachdem König Johann II., der Gute, in der Schlacht von Poitiers im Jahre 1356 gefangengenommen worden war, wurde für ihn ein Lösegeld von 3 Millionen Mark gefordert. Doch diese Summe wurde nie gezahlt.

LÖSEGELDER UND DER RITTERKODEX

Honoré Bonet, der provenzalische Prior und Ritterliterat aus dem 14. Jh., hielt in seinen *Arbre des Batailles* (1382–1387) die Forderung von Lösegeldern mit den ritterlichen Leitlinien für vereinbar. Daraus folgernd erklärte er: „Ein Soldat hat das Recht, sich alles zu nehmen, was er von seinem Gegner in einem gesetzestreuen Krieg erhalten kann", und er fügt hinzu, dass die Lösegeldforderung nach „Recht und Gesetz" gutgeheißen werden könne. Trotzdem mahnt Honoré Bonet an, dass viele Ritter ohne Mitleid und Gnade handeln würden, wenn sie exorbinate Geldsummen einklagten. Eine „vernünftige und ritterliche" Summe sei in Ordnung.

▼ Viele Ritter, einschließlich Bertrand du Guesclin, der hier von König Karl IV. zum Connétable von Frankreich (Stallmeister) geschlagen wird, häuften mit legitimer Kriegsbeute ein großes Vermögen an.

▲ Als Sohn eines florentinischen Händlers war Pippo Spano Ritter im Dienste von Sigismund, König von Ungarn und Kaiser des Heiligen Römischen Reiches von 1433–1437. Sigismund belohnte Pippo mit der Verwaltung der ungarischen Goldminen.

LÖSEGELDER UND AUSZEICHNUNG

Ein hohes Lösegeld war auch ein Zeichen von Ehre. Als der „Ritter ohne Fehl und Tadel", der große französische Heerführer Bertrand du Guesclin von Eduard in der Schlacht von Najera in Spanien im April 1366 gefangengenommen wurde, hatte er für seinen Kidnapper nur Spottworte übrig. Der Schwarze Prinz soll seinen Widersacher aufgefordert haben, sein eigenes Lösegeld festzusetzen – und Bertrand nannte die Summe von 100.000 Francs. Er brüstete sich damit, dass er in Frankreich hoch angesehen sei. Tatsächlich zahlte der französische König die hohe Ablösesumme. Auf der anderen Seite brauchte ein armer Ritter nur einige Kronen für seine Freilassung bereitzustellen. Manchmal büßte ein Ritter lediglich seine Rüstung, sein Pferd und seine Waffen ein und ihm wurde die Freiheit geschenkt – selbst diese Strafe war beachtlich, da die Kosten für ein Pferd und die Ausrüstung sehr hoch waren.

NOTWENDIGE GELDMITTEL

Bei Hastings waren die berittenen Krieger der normannischen Armee Herzog Wiliams nicht durch Loyalität gezwungen, am Krieg teilzunehmen; ihre Dienstschwüre gingen nicht über das Herzoggebiet hinaus. Sie waren, wie unzählige andere vor ihnen, von dem Versprechen gelenkt, sich im Krieges bereichern zu können. Ritter, die an Kreuzzügen teilnahmen, begehrten die Reichtümer des Heiligen Landes.

In der Epoche des Rittertums war vielen einfachen Ritter klar, dass der Reichtum, den sie sich mit Schwert und Lanze erwarben, überlebensnotwendig war. Es gab Ritter, die von ganz unten in wichtige Positionen aufstiegen. Etwa der italienische Ritter Pippo Spano, der Vertrauter, eingeweihter Stratege und General des Königs von Ungarn wurde. In dieser Funktion verfügte er über Land, Adelstitel und die Verwaltung der ungarischen Goldminen. All das garantierte ihm ein großes Einkommen.

Mit der Teilnahme an ritterlichen Turnieren, dem Kampf auf dem Schlachtfeld und politischen Funktionen konnten Ritter allein ihrer kriegerischen Fertigkeiten wegen ihren Lebensunterhalt bestreiten. Von in der *Mêlée* oder im Kampf besiegten Gegnern konnte ein Lösegeld gefordert werden, und wer kapitulierte, musste Pferd und Ausrüstung abgeben.

Schlachten, die das europäische Kriegstheater zwischen christlichen Rittern lieferte, also Schlachten, in denen das Risiko zu sterben begrenzt war, da der Konflikt nicht den Tod des Gegners verlangte, erinnern in starkem Maße an die überall durchgeführten Turniere. Sie waren eine gute Gelegenheit, um den guten Ruf des Ritterstandes zu manifestieren und persönliches Glück zu erlangen.

▲ *König Johann II. wird in der Schlacht von Poitiers gefangengenommen. Er hatte wenig zu befürchten, da Lösegeld gezahlt wurde.*

BEUTEVERTEILUNG

War im 14. Jh. eine Stadt offiziell besiegt worden und ihre Bewohner nahmen die Chance nicht wahr, sich zu ergeben, verlangte der ritterliche Kodex, dass alle Reichtümer den Eroberern übergeben werden mussten. Einzige Ausnahme bildeten die Geistlichen und die Kirchen. Üblich war es, die Ausbeute in drei Teile aufzuteilen: Der erste Teil wurde unter den Soldaten und den Rittern verteilt, der zweite Teil war für die Befehlshaber reserviert und der Restbetrag wurde dem König zugestellt. Nicht alle diese Belagerungen endeten in ausgiebigen Plünderungen wie in Caen – oftmals gab es eine geordnete Übergabe und Beuteaufteilung. Ein formelleres System wurde in England durch die Kriegsverträge in der zweiten Hälfte des 14. Jh. eingeführt. Danach sollte der Kommandeur dem König die wichtigsten Burgen, Städte und Gefangenen übergeben und dafür dann reichlich belohnt werden. Die übrige Beute sollte geteilt werden, zwei Drittel sollte der Kommandant bekommen und ein Drittel die Krone.

◀ *Ein Befehlshaber belohnt Führungsritter und Soldaten aus seinem Zwei-Drittel-Anteil der Beute aus der eroberten Stadt.*

DER RITTER IM KRIEG

DER RITTERKODEX AUF DEM SCHLACHTFELD

Der Kodex ritterlichen Verhaltens legt die Grenzen des guten Benehmens sowohl auf dem Schlachtfeld als auch bei Belagerungen fest. Jedoch war das Kämpfen oftmals ein sehr viel schmutzigeres Geschäft, als es dem Ritterstand hätte lieb sein dürfen.

FORDERUNGEN DES RITTERSTANDES

In den Schlachten des Mittelalters war das Kämpfen bis zum Tod lediglich in Kriegen gegen „Ungläubige" üblich. Damit waren Nicht-Christen, vor allem islamische Soldaten im Heiligen Land und in Spanien oder heidnische Kämpfer in der baltischen Region gemeint. In Konflikten wie dem Hundertjährigen Krieg, besonders denen zwischen adligen Rittern, war es normal, Gefangene mit einem Lösegeld freikaufen zu lassen.

▼ *Ein Bretone ergibt sich einem französischen Ritter in der Schlacht von Saint-Aubin-du-Cormier 1488. In einem solchen Augenblick fand die brachiale Gewalt des mittelalterlichen Schlachtfeldes ein Ende.*

▲ *Wenn eine Stadt fiel, waren die Bewohner auf die Gnade der siegreichen Truppen angewiesen. Selbst nach dem ritterlichen Kodex durften die Soldaten randalieren.*

Wurde eine Stadt oder Burg belagert, gebot der Ritterkodex, dass die Belagerung von einem Herold ausgerufen wurde. War dies erst einmal geschehen, konnten die Bewohner sich solange freiwillig ergeben, bis die Mauern erstiegen wurden. Es gibt zahlreiche Beispiele, in denen – in Übereinstimmung mit dem ritterlichen Kodex – mit großer Milde vorgegangen wurde. So wurden Kämpfe aufgeschoben, um der Bevölkerung, die Schutz in der Burg gesucht hatte, die Möglichkeit zur Flucht zu geben, während die Besatzung der Burg zurückblieb, um weiterzukämpfen. König Eduard II. von England erlaubte Nicht-Soldaten freie Ausreise aus Calais, als er die Stadt 1346 belagerte. Wenn die Verteidiger aufsässig blieben, wurden die Soldaten der einmarschierenden Armee dazu bemächtigt, sich an den Reichtümern, die sie innerhalb der Mauern fanden, zu bedienen – Ausnahme blieben die Kirche, Priester, Mönche und Nonnen.

GEMETZEL VON LIMOGES

Endete eine lange Belagerung, gerieten die Sieger häufig außer Rand und Band und fügten den Bewohnern entsetzliches Leid zu. Als die Ritter des Ersten Kreuzzuges im Jahre 1099 in Jerusalem einmarschierten, gab es ein Schreckensszenario. Sie schlachteten Männer, Frauen und Kinder ab, bis die Straßen der Stadt von Blut durchtränkt waren. Eduard III. und der Schwarze Prinz beaufsichtigten das entsetzliche Gemetzel von Caen im Jahr 1346. und 1370 nahm der Schwarze Prinz in Limoges an einem grausamen Angriff auf die Stadt teil. Froissarts Bericht über den Angriff lässt vermuten, dass der Prinz sich ärgerte, weil sein alter Verbündeter, der Bischof von Limoges, auf die französische Seite gewechselt war. Es wurden 3000 Männer, Frauen und Kinder abgeschlachtet.

MANGEL AN DISZIPLIN

Nicht immer waren Ritter fähig, ihre Männer zu kontrollieren. In den englischen Armeen in Frankreich kämpften während des Hundertjährigen Krieges Kriminelle, denen man im Gegenzug die Begnadigung anbot.

Ritter glaubten, dass das Fehlverhalten der niedrigeren Ränge in der Armee sich nicht negativ auf sie niederschlagen würde und dass der Ritterkodex in erster Linie Adlige verpflichtete, die Ritter waren. Schließlich war es verständlich, dass die unteren Klassen nicht fähig waren, nach den hohen ritterlichen Maßstäben zu leben. In Froissarts bevorzugter Sichtweise bestand der Pöbel bei der Verwüstung von Caen aus „bösen Kerlen und Freveln des Teufels, von der Sorte, wie man sie zwangsläufig in einer königlichen Armee findet".

Doch es gab immer wieder Situationen, in denen Ritter sich selbst nicht in der Gewalt hatten: Dann nahmen sie an Stadtüberfällen teil und profitierten reichlich davon. Im Augenblick der Ekstase – wenn sie sich inmitten des Getümmels eines Schlachtfelds befanden – vergaßen selbst die „anständigsten" Ritter ihr Gelöbnis.

STREBEN NACH RUHM

Bei einem wichtigen Aspekt befanden sich Selbstdisziplin und ritterlicher Kodex im Gegensatz. Ritter sollten nach Ruhm streben; der Ritterkodex besagte, dass sie immer wieder ihren ritterlichen Status durch kriegerische Taten beweisen sollten. In der Schlacht waren sie gewillt, jegliche Gelegenheit wahrzunehmen, dies zu tun. Damals wie heute forderten und fordern Armeen Disziplin, und um effizient sein zu können, müssen sie als Einheit funktionieren. Es gibt Beispiele von Rittern, die voreilig und gegen den Willen ihrer Befehlshaber handelten, um selbst oder für ihre ritterliche Bruderschaft Ruhm zu erlangen.

Die Tempelritter hatten in dieser Hinsicht ein ganz besonderes Gesetz. Bei der Belagerung von Ascalon (*Ashkelon* in Israel), die von Balduin III. von Jerusalem im Jahre 1153 angezettelt wurde, kämpften die Templer in ihrem Bestreben nach Ruhm und Ehre sogar gegen die eigene Seite. Als ein Durchbruch in die Mauern, ihren Quartieren gegenüber, geschlagen wurde, marschierte eine Gruppe von 40 Rittern, geführt von Bernard von Tremblay, hinein, um die Stadt an sich zu reißen, während andere die Nicht-Templer zurückhielten. Bei diesem Ereignis hatten sich die 40 Tempelritter zu viel vorgenommen und wurden besiegt, gefangengenommen und getötet, und ihre Köpfe wurden an den Stadtmauern aufgehängt. Im siebten Kreuzzug führte der Templer Robert I., Graf von Artois, 1250 bei Al Mansourah in Ägypten einen Angriff mit verbündeten Mitgliedern aus der Bruderschaft an – trotz des konkreten Befehls, sich zurückzuhalten. Er überraschte einen Teil der ägyptischen Armee, aber als seine Truppen in die Straßen der Stadt vorrückten, gerieten sie dort in einen gut vorbereiteten Hinterhalt und er wurde getötet; die Ägypter konnten danach einen Gegenangriff gegen die Hauptarmee anzetteln, sodass die Kreuzritter des Land, dass sie gerade gewonnen hatten, wieder verloren.

▼ Tempelritter rücken trotz Pfeilhagels in Richtung ihrer sarazenischen Feinde vor. Die Templer und Johanniter waren oftmals ein unberechenbarer Teil innerhalb der Kreuzzugsarmeen und dazu fähig, von sich aus Angriffe anzuzetteln.

KAPITEL 5

DER RITTER AUF DEM TURNIERPLATZ

Im Januar 1430 veranstaltete Philip der Gute, Herzog von Burgund, im Rahmen seiner Hochzeit mit Isabella, Tochter von König Johann I. von Portugal, ein prachtvolles Bankett, auf das ein sechstägiges Turnier folgte. Um seine neue Herzogin in Brügge standesgemäß willkommen zu heißen, ließ er zinnoberrote Tücher in die Straßen hängen, riesige Weinmengen bereitstellen und einen prachtvollen Bankettsaal mit einem vergoldeten Baum, an dem seine Wappen hingen, errichten.

Während des Turniers traten zwei Rittermannschaften auf drei Turnierplätzen auf dem Marktplatz gegeneinander an. Jeden Tag wurde dem besten Ritter und Knappen einer jeden Mannschaft eine goldene Kette oder ein funkelnder Edelstein übergeben. Am Ende verkündete Philip die Gründung eines neuen Ritterordens: den Orden vom Goldenen Vlies.

Das Turnier des Herzogs war eines der aufwendigsten des gesamten Mittelalters, und der Höhepunkt einer langen Tradition ritterlicher Wettspiele. Die Turniere hatten sich aus kriegerischen Manövern heraus entwickelt, und sie waren bei Rittern als militärische Übung geschätzt. In entscheidendem Maße lieferten sie den Rittern den Schauplatz, um ihre ritterlichen Tugenden wie Tapferkeit, Höflichkeit, Bescheidenheit und Freigebigkeit zu dokumentieren. Sie wurden inspiriert von der Ritterkultur und der höfischen Liebe, der Minne. Das Turnier bot zudem die Gelegenheit, reich zu werden – sofern man gewann.

▲ *Mittelalterliche Zweikämpfe boten abwechslungsreiche Unterhaltung.*

◄ *Sir Tristan und Sir Palomides kämpfen im Turnier gegeneinander, während die Ritter der Tafelrunde zusehen. Der Artussage zufolge wurde Palomides durch einen flüchtigen Blick seiner begehrten Dame Isolde unschlagbar – und das, obwohl sie eigentlich Tristan liebte.*

KRIEGSSPIELE

DER URSPRUNG DER TURNIERE

Schauspiele mit Miltärübungen: Die Vorläufer der Turniere findet man im klassischen Altertum. Im Laufe des Mittelalters entwickelten sich die aufwendigen, formell-höfischen Veranstaltungen, die Philip der Gute veranstaltete, aus rauen, wilden Ritter-Manövern, die landauf, landab stattfanden.

DAS BEISPIEL ROMS

Seit den frühen Griechen und Römern, wenn nicht sogar eher, sahen Soldaten und Generäle kriegerische Spiele und Manöver als einen Teil des militärischen Trainings an. Die jungen Männer Spartas und Roms entwickelten ihre Stärke und ihren soldatischen Stolz in Scheinkämpfen. Im Mittelalter werteten Ritter und Ritterliteratur-Schreiber die Turniere als Nachahmung der kämpferischen Wettstreite der Antike. Man wollte den klassischen Vorbildern nacheifern. Turniere, insbesondere Nahkämpfe zwischen Ritterpaaren, hatten ebenfalls Vorläufer in klassischen und vormittelalterlichen Wettstreiten. Man denke nur an die Gladiatorenspiele, die in Rom überaus beliebt waren, und die Kampferprobungen germanischer Volksstämme.

▼ *Die meisten Gladiatoren im frühen Rom waren Sklaven. In unterhaltsamen Kämpfen erprobten und bewiesen sie ihre Stärke.*

▲ *Der Stadtstaat Sparta entwickelte sich im 8. bis 5. Jh. v. Chr. zu einer Macht, mit einer Armee aus topfitten Soldaten, die in Scheinschlachten kämpften, um ihre Fertigkeiten zu entwickeln.*

FRÄNKISCHE KAVALLERIE

Die fränkische Kavallerie praktizierte das Schnellreiten, wobei die Reiter abrupt die Richtung wechselten und die Pferde selbst im größten Getümmel unter Kontrolle hatten. Ein Bericht spricht von „Kriegsspielen" 842 in Straßburg, um das Bündnis der Enkel Karls des Großen, Ludwig des Deutschen und Karl des Kahlen, zu feiern.

In diesen Spielen ritten Gruppen von Reitern aufeinander zu, bis eine Gruppe ausscherte, sich mit Schilden verteidigte und vorgab zu fliehen, um damit ihre Gegner zum Angriff zu provozieren, dann kehrtmachte und den Angriff zurückschlug. Zum Schluss ritten die Könige Ludwig und Karl mit Lanzen in die Schlacht und mischten kräftig mit. Der fränkische Historiker Nithard beschrieb das Ereignis und merkte an, dass die Begegnung einen eindrucksvollen Anblick bot, was daran lag, dass viele Adlige daran teilnahmen und alles wohl geordnet verlief. Es wird behauptet, dies sei das erste mittelalterliche Turnier gewesen, obwohl es kein wirkliches Turnier war – die beiden Seiten griffen an und flohen, aber sie kämpften nicht.

IN OFFENEM GELÄNDE

Die ersten Turniere waren Scheinkämpfe, die zwischen Gruppen der fränkischen Kavallerie in Frankreich im späten 11. Jh. stattfanden. Zwei Rittermannschaften, meist aus verschiedenen Gegenden, kämpften in offenem Gelände. Sie ritten über Äcker und durch Wälder und nutzten die vorteilhaften Gelegenheiten, die natürliche Hindernisse boten, zum Angriff. Oftmals waren es 200 Männer auf jeder Seite. Der Zweck des Spiels bestand darin, so viele Ritter der anderen Mannschaft wie möglich gefangenzunehmen und dann Lösegeld zu fordern.

Die Ritter kämpften mit scharfen Waffen, einschließlich Lanzen und Pfeil und Bogen. Verletzungen waren an der Tagesordnung. Es gab keine Regeln, abgesehen davon, dass der Kampf nicht bis zum Tode geführt werden sollte und die Ritter sich in einem eingezäunten Gebiet ausruhen konnten.

▲ *Bei Turnieren auf der Straße riskierten die Zuschauer, von schnellen Pferden und um sich schlagenden Rittern verletzt zu werden.*

TURNIERE AUF KREUZZÜGEN

Aus diesen Feldschlachten entwickelten sich formellere Turniere. Die Franken brachten den „Sport" wahrscheinlich mit, als sie in den Ersten Kreuzzug zogen. Der Chronist Robert der Mönch bemerkte, dass sie sich außerhalb der Kämpfe im *Quintain* (mit angelegter Lanze auf einen Zielscheibe zureiten) übten.

Tatsächlich entstanden Turniere, als die Franken oder Normannen begannen, in der Schlacht die angelegte Lanze zu benutzen, eine anspruchsvolle Technik, die sehr viel Übung erforderte – und es kann gut sein, dass sich die Turniere daraus entwickelten, dass diese geübt werden musste.

ERSTE ERWÄHNUNGEN

Der erste Gebrauch des Wortes *Turnier* ist für 1114 belegt – in einem Gesetz des Grafen Balduin III. von Hainaut. Darin liest man von Friedenshütern, die ihre Arbeit vernachlässigen und die Stadt Valenciennes verlassen, um an „Speerspielen, Turnieren und ähnlichen Sportarten" teilzunehmen. Zwischen 1115 und 1120 beobachtete der Benediktinermönch und Chronist Geoffrey von Malaterra, dass in Feldzügen seiner verbündeten Normannen in Sizilien die jungen Ritter während einer Belagerung im Jahre 1062 turnierten. Es fanden also 1120 Turniere statt, selbst wenn der Bericht fiktiv sein sollte. Eine Geschichte über die Kirche von St. Martin in Tournai in den 1140er-Jahren nimmt Bezug auf den Tod des Grafen Heinrich III. von Brabant. Er – so die Chronik – soll in einem Turnier zwischen seinen Soldaten und denen von Tournai 1095 das Leben verloren haben.

FIKTIVE BERICHTE

Vorsicht ist angebracht bei Berichten über frühe Turniere: In späteren Jahren gehörte zum Nachweis einer ritterlichen Herkunft der Beweis, dass die Vorfahren seit Generationen in Turnieren gekämpft hatten; mittelalterliche Chronisten dichteten die Vergangenheit um, um dem Ruf ihres Feudalherrn Glanz hinzuzufügen. Georg Ruexner, Herold im 16. Jh., behauptete in seinem *Turnierbuch* (1530), dass König Heinrich I. 938 ein prachtvolles Turnier in Magdeburg veranstaltet hätte; Details lassen an der Richtigkeit Zweifel aufkommen. Die Chronik des heiligen Martin von Tours betont, dass der Adlige Geoffry de Preilly 1066 bei Angers aus einem Hinterhalt heraus getötet wurde und als Erfinder des Sports in Erinnerung bleiben sollte.

WAS WAR EIN TURNIER?

Genau gesagt war es eine Scheinschlacht zwischen zwei Rittermannschaften – ein Kampf, den man auch Mêlée nannte. Die Ritter kämpften in Einheiten, genau wie im Krieg, mit dem Ziel, die andere Seite zu besiegen und so die Ausrüstung und die Pferde des Gegners für sich zu gewinnen. In Frankreich und England wurde dies oft als *Hastilude* (Speer-Wettstreit) bezeichnet, und es war Haupt-Turnierart im England des 13. Jh., als Sir William Marshal mit seinen ritterlichen Kenntnissen glänzte. Man übte sich dabei im Lanzenstechen. Das Wort *Turnier* wurde bald, vor allem in Deutschland, für festliche Ereignisse bei Hof benutzt, bei denen sowohl *Mêlées* als auch Lanzenstechen gezeigt wurden.

► *Zwei Mannschaften aus Arturs Tafelrunde konkurrieren miteinander. Turnierform, die „Hastilude" genannt wurde.*

ZURSCHAUSTELLUNG VON HELDENMUT

TURNIERFORMEN

Im 12. Jh. definierte der englische Chronist Roger von Hoveden Turniere als „militärische Übungen, die nicht in feindlicher Gesinnung durchgeführt werden, sondern um zu trainieren und Heldenmut zu zeigen“. Mit der Zeit nahmen die Turniere verschiedene Formen an, die in Übereinstimmung mit der Definition Rogers dem Wettbewerb zu Pferde gewidmet waren. Einige Turniere kamen einem tatsächlichen Krieg jedoch bedenklich nahe.

DIE MÊLÉE

Die frühen Turniere hatten Ähnlichkeit mit den Scheinschlachten, die Franken auf den Feldern Nordfrankreichs austrugen. In ihrer Art der Begegnung, *Mêlée* genannt, kämpften zwei Ritter-Mannschaften mit angelegten Lanzen gegeneinander, die „Verteidiger“ (aus der Stadt oder Region, in der das Turnier stattfand) und die „Angreifer“ (Besucher). Sie stellten sich zunächst in Position und riefen ihre Schlachtrufe, dann ruhten sie sich aus, während sich im Bereich zwischen den beiden Seiten junge Ritter in Einzelkämpfen maßen.

Auf ein Signal hin begann der Hauptangriff: Die Gruppen ritten mit angelegten Lanzen aufeinander zu, um sich – vor dem Zusammenstoß – scharf abzuwenden und einzeln oder in kleinen Gruppen zu kämpfen. Knappen wechselten die Lanzen ihrer Feudalherren bei Bedarf aus. „Turnier“ könnte vom französischen *tournement* (umdrehen) stammen.

Aus dem Versepos *Parzifal* von Wolfram von Eschenbach aus dem 13. Jh. erfahren wir, dass ein Ritter bei einem Angriff auf seinen Gegner nach links zielte, seine angelegte Lanze über den Hals seines Pferdes führte und so den Schild seines Rivalen ins Visier nahm. Nach dem Angriff zerstreute sich die *Mêlée* oftmals über die Turnieranlage hinaus. Weiter ging es in einen festgelegten Bereich in offener Landschaft oder sogar in den Straßen der Stadt. Dort waren die Ritter weiter damit beschäftigt, so viele Gegner wie nur irgend möglich gefangenzunehmen.

DER TJOST

Die *Mêlée* war relativ gefährlich und führte oft zu Verletzungen oder sogar zum Tod. Mit der Zeit wurde sie seltener, und die Turniere bestanden hauptsächlich aus *Tjosten* (Zweikämpfen zwischen Rittern). In einem *Tjost* ritten sie mit angelegter Lanze aufeinander zu. Beide hatten das Ziel, den Gegner vom Pferd zu stoßen.

▼ *Ritter schwören vor dem Turnier einen Eid. Sie werden in zwei Mannschaften aufgeteilt, um in der Mêlée zu kämpfen.*

Ab etwa 1400 kämpften die Ritter – um Verletzungen zu minimieren – jeweils auf einer Seite einer zentralen Beschrankung, die *Tilt* genannt wurde. Der wahrscheinlich in Spanien oder Portugal entwickelte *Tilt* verbreitete sich im 15. Jh. in ganz Europa. Um 1430 war er in Frankreich gang und gäbe. Anfangs war der *Tilt* kaum mehr als ein Stück Stoff, das an einem Seil hing; aber in kurzer Zeit wurde daraus eine starke, hölzerne, gepolsterte Beschrankung.

Im 11. bis 12. Jh. bildeten die *Tjosts* Nebenattraktionen der Hauptveranstaltung, die aus *Mêlées* bestand. Das Lanzenstechen fand am Vorabend des Turniers oder am Morgen vor dem Hauptkampf statt. Im 13. und 14. Jh. wurden die *Tjoste* immer populärer, einige Turniere bestanden nur noch aus ihnen. Obwohl die Bedingungen der *Mêlée* eine wesentlich bessere Übung für die Schlacht boten als der *Tjost*, bevorzugten Ritter das Lanzenstechen, weil sie damit ihren Heldenmut besser zeigen konnten. Das Lanzenstechen barg Gefahren, aber es war weit weniger gefährlich als die *Mêlée*. Und es geschah seltener, dass Pferde auf abgeworfenen Reitern herumtrampelten.

DER BUHURT

Weniger formelle Wettstreite zwischen Rittern zu Pferde wurden neben den Turnieren durchgeführt. Einer davon war der *béhouard*, auch bekannt als *buhurt* (deutsch des 12. Jh.). Dies war mehr Sport denn Wettstreit, und in erster Linie ein Messen des reiterlichen Könnens. Waffen wurden selten eingesetzt. Deshalb wurde der *Buhurt* wohlwollend betrachtet, während Staats- und Kirchenoberhäupter die Turniere oft verurteilten. Die Regeln der Tempelritter besagten, dass Brüder nicht in Turnieren gegeneinander antreten durften, aber es war ihnen erlaubt, an *Buhurten* teilzunehmen.

Der *Buhurt* wurde in der Ritterliteratur oft beschrieben: Dort bildete er das übliche Ende einer Hochzeit oder einer Ritterschlagzeremonie. In Geoffrey von Monmouths *Geschichte der Könige von Britannien* werden die Ritter König Arturs beschrieben, die ausreiten, um spontan einen *Buhurt* abzuhalten, nachdem sie auf einem der Königsschlösser gefeiert haben. „Und während ihnen die Damen von den Burgmauern zujubeln, reiten die Ritter über Wiesen, werfen Lanzen und messen sich mit Pfeil und Bogen". Geoffrey betont, dass der Wettstreit niemals ernsthaft wurde.

▲ *Das Lanzenstechen währte oft, bis eine bestimmte Anzahl von Lanzen zerbrochen war. In diesem Turnier in der Zeit König Karls V. von Frankreich (1338–1380) bedecken zerbrochene Lanzen den Boden.*

ÜBUNGSTREFFEN

Junge Ritter mussten üben, bevor sie die Arena der überaus anspruchsvollen Mêlée betraten oder am Lanzenstechen teilnehmen konnten. Übungstreffen, die *Vesper* genannt wurden, wurden oft am Vorabend des Hauptturniers unter Aufsicht älterer Ritter veranstaltet. In Deutschland wurde diese Art Turnier *tirocinium* genannt.

DER PAS D´ARMES UND DER RUF AN DIE WAFFEN

Im späten 14. und 15. Jh. wurden sehr aufwendige Turniere abgehalten, die als *pas d´armes* (Durchritt) in die Geschichte eingingen. Diese waren so prachtvoll angelegt, dass es sich lediglich Könige, Prinzen und führende Adlige leisten konnten, an ihnen teilzunehmen. Beispiel ist der *Pas d´armes* von Philip dem Guten im Jahre 1430.

Ärmere Ritter, die sich eine Teilnahme nicht leisten konnten, organisierten eigene Wettstreite, indem sie den „Ruf an die Waffen" einführten. Ein gutes Beispiel ist die offene Kampfansage, die von sieben französischen Rittern 1398 an sieben Ritter aus England gerichtet wurde. Die französischen Ritter sagten zu, drei Jahre lang auf ihrer Rüstung einen Diamanten zu tragen und erklärten sich für den Kampf gegen die englischen Ritter bereit: zunächst mit Lanze, dann mit Schwert, Axt und mit dem Dolch. Sollte ein englischer Ritter gewinnen, durfte er den Diamanten behalten, aber falls er verlieren sollte, wurde er dazu verpflichtet, sieben goldene Stäbe auszuliefern, je einen für jeden der französischen Sieger, damit diese ihn ihrer auserwählten Dame überreichen konnten. Es gibt keinen Nachweis über das Ergebnis des Wettstreits.

Vier französische Ritter reisten zum Parlament nach London, um einen Wettkampf fürs Lanzenstechen in Calais zu organisieren und der König erlaubte den englischen Rittern, diese Herausforderung anzunehmen. Ein weiteres Beispiel ist der gefeierte *Tjost* von St. Inglevert in Nordfrankreich im Jahre 1390, wo vier Ritter verkündeten, dass sie die Turnieranlagen für 30 Tage besetzen und alle Ankommenden bekämpfen würden.

HEROLDE UND HERAUSFORDERUNGEN

WANN UND WIE TURNIERE VERANSTALTET WURDEN

Turniere wurden veranstaltet, um königlichen oder adligen Staatsereignissen Prunk und Farbenpracht zu verleihen. Die Unterhaltung bedurfte der Planung.

HÖFISCHE FEIERLICHKEITEN

An Königs- und Adelshöfen waren Turniere seit jeher Bestandteil von Hochzeitsfeiern. Ritter Eduard I. veranstaltete 1293 ein Turnier in Bristol, um die Hochzeit seiner Tochter Eleanore mit dem Grafen Henry III. von Bar zu feiern. Adlige veranstalten Turniere, um ihre Hochzeitsgäste zu erfreuen, wie wir es am Beispiel von Herzog Philip dem Guten von 1430 sehen konnten.

Ein Turnier konnte auch Rahmen für eine Krönung sein. Als König Eduard II. von England 1308 in Westminster gekrönt wurde, fanden Turniere statt. Darüber hinaus kämpften Kreuzritter bei Acre im Jahre 1286 ein „Artus-Tafelrunden-Turnier" zu Ehren der Krönung Hugh III. von Zypern zum König von Jerusalem. Solche Events, wie wir heute sagen, rundeten auch diplomatische Treffen ab. Im Jahr 1520 trafen sich König Franz I. von Frankreich und König Heinrich III. auf dem „Feld des goldenen Tuches" unweit der Stadt Calais, um zu feiern und zu turnieren.

Turniere wurden gern mit Festen des Kirchenjahres verbunden. Dies war vor allem in der Faschingszeit, den der Fastenzeit vorhergehenden Feierlichkeiten sowie Ostern und Weihnachten der Fall. Manchmal wurden Turniere auch kurz vor Winteranfang veranstaltet, etwa am St.-Martinstag, 11. November, das Fest Martin von Tours, ein Kirchenmann des 4. Jh.

Turniere konnten eine Woche oder länger dauern, oftmals begannen sie am Montag oder Dienstag. An Sonntagen und Freitagen oder an Feiertagen des Kirchenkalenders wurden sie nicht durchgeführt, da diese Tage heilig blieben.

▼ *Dieses Turnier fand 1619 in Turin statt, um der Hochzeit von Victor, Herzog von Savoyen und Prinz von Piemont, mit Christine, der dritten Tochter von König Heinrich IV. von Frankreich, Pracht zu verleihen.*

STREBEN NACH RUHM

Zwischen dem 11. und 13. Jh. reisten Ritter auf der Suche nach Turnierveranstaltungen oft umher. Junge Edel- und Königsleute, wie die Söhne von König Heinrich II. von England, Heinrich, der Junge König und Geoffry, Herzog von Britannien, unterhielten eine ständige Gruppe von Rittern und Knappen, um sich in Turnieren messen zu können. Im Sommer 1260 reiste der 21-jährige Prinz Eduard (später Eduard I.) in Begleitung von 80 Gefährten nach Frankreich, um durch die Teilnahme an Turnieren Ruhm zu erlangen – mit überraschend wenig Erfolg, zieht man seinen späteren Status als Krieger in Betracht. Damals war es üblich, dass die Termine von Turnieren mündlich unter den Teilnehmern abgesprochen wurden. Dies geschah meist am Ende eines Turniers.

Formellere Vorkehrungen zur Planung und Bekanntmachung derartiger Veranstaltungen wurden erst im 14. und 15. Jh. üblich. König René I. von Neapel, bekannt als René d´Anjou, der Poet und Patron war, beschreibt 1450 die Organisation eines Turnieres in seinem Buch *Le Livre des Tournois* („Das Buch der Turniere").

HERAUSFORDERUNGEN

Oft wurden Briefe an Ritter gesandt, um diese über ein bevorstehendes Turnier zu informieren. Herolde ritten aus, um Datum, Ort und Dauer des Turniers, sowie die Regeln, nach denen gekämpft werden sollte, zu verkünden; sie informierten auch über Waffen und Rüstung, die zulässig waren und über die Einteilung des Kampfplatzes. Die Ankündigung erfolgte mindestens zwei Wochen vorher.

Manchmal wurde die Einladung mit einer Herausforderung verbunden: Der Herold ritt zum Königsschloss, wo der einzuladende Prinz oder der adlige Ritter lebte und überreichte ihm ein stumpfes Schwert (wie es in einigen Turnieren verwendet wurde). Die Annahme des Schwertes be-

▶ *Im nahen und überaus gefährlichen Kampf der Mêlée zählte brutale Stärke ebensoviel wie Können. Dieses Bild zeigt ein deutsches Turnier der frühen 1300er-Jahre.*

deutete die Annahme der Herausforderung. Man erwartete vom Empfänger des Schwertes, dass er kämpfen würde, um seine Herausforderer und die Damen, die dem Turnier beiwohnten, zu erfreuen. Der Empfänger wählte vier Richter für das Turnier aus einer Liste, die vom Herold mitgebracht wurde.

Für das Turnier von König Eduard III. von England im Jahre 1344 bei Windsor wurden Einladungen nach Brabant, (Niederlande), Burgund, Flandern, Frankreich und nach Schottland geschickt. Den teilnehmenden Rittern sicherte man Geleit zu. Für ein Turnier im Jahre 1358 schickte Eduard Herolde nach Schottland, Flandern, Brabant, Deutschland und Frankreich.

SAMMELN ZUM TURNIER

Die Teilnehmer versammelten sich im Schnitt mindestens vier Tage vor Beginn des Wettkampfes. Bei bedeutenderen Veranstaltungen wurde ein offizieller Einmarsch in die Stadt oder den Ort organisiert. Die Schiedsrichter bezogen in Klöstern oder anderen religiösen Einrichtungen ihr Lager. Alle Ritter mussten in der Unterkunft der Schiedsrichter ihre Wappen oder Schilde vorzeigen und ihren Wappenrock tragen. Zudem mussten Wappen, Schild und Rock öffentlich einsehbar sein, ob die Ritter nun im Zimmer oder Zelt hausten.

▼ *Ritter waren in den Turnieranlagen an ihren Wappen, Schilden und Pferdebedeckungen zu erkennen. Gelegentlich vermieden sie es, erkannt zu werden – und kämpften als „unbekannte Ritter".*

Auf diese Weise war es für Ritter oder andere möglich, eine Beschwerde gegen einzelne Mitstreiter vorzutragen. Am Vorabend des Wettkampfes wurden die Schilde von den Schiedsrichtern begutachtet und kam es zu einer Beanstandung, konnte der Ritter vom Turnier ausgeschlossen werden. Es gab eine Reihe von Beanstandungen, die einen Ausschluss zur Folge hatten – war man beispielsweise nachweislich ein Mörder oder Flüchtling oder stand man im Verdacht, eine Frau misshandelt zu haben bzw. hatte man etwa seine ritterliche Pflicht, ehrlich zu sein, gebrochen oder war irgendwo vertrieben worden.

Turniere zogen Händler an. Dazu gehörten auch Pferdehändler, Verkäufer edlen Tuchs und Geldleiher, die den Rittern anboten, ihnen bei einer möglichen Lösegeldforderung zu helfen. Entertainer wie Jongleure und Wahrsager kamen hinzu und gaben dem Ganzen die Atmosphäre eines Jahrmarkts.

TURNIERANLAGEN

Turnieranlagen wurden mit ihren Begrenzungen entweder in einer Stadt oder aber auf offenem Feld aufgebaut. Tribünen für adlige Zuschauer wurden errichtet. Starke Holzbarrieren um die Anlagen herum sollten Zuschauern Sicherheit geben. Die Beschrankungen entwickelten sich schnell zu einem doppelten Zaun, zwischen dem die Knappen standen, um ihren Rittern zur Hilfe eilen zu können. Der Boden der Turnieranlagen war mit Mist, Stroh und manchmal mit Sand bedeckt.

EIN MEER VON FARBEN

PRUNK UND PRACHT AUF ALLEN TURNIEREN

Turniere boten einen prachtvollen Anblick, waren in herrliche Farben getränkt und voller dramatischer Dynamik. Sie versprachen den Zuschauern ritterliche und spannende Kämpfe. Von eigens konstruierten Tribünen oder Balkonen aus, die mit Fahnen und Wandteppichen dekoriert waren, sahen aufwendig gekleidete Damen und eifrige Höflinge auf die Ritter herab, während sich ärmere Zuschauer unterhalb der Bühne sammelten. Manchmal wurden Münzen als Zeichen des Wohlwollens in die Menge geworfen. Mit Fahnen bedeckte Pavillons engten den Wettkampfbereich ein. Ritter trugen fein gearbeitete Schutzkleidung, geschmückt vom *Token* – Schals, Handschuhe oder Schleier, die sie von den Damen erhielten, für die sie in den Wettstreit zogen. Manchmal waren sie aber auch mit farbenprächtigen Umhängen bedeckt, die das Wappen trugen, das auch ihren Schild sowie Pferdeumhang und -geschirr schmückte. Herolde, die mit den Wappen der Wettbewerber vertraut waren, verkündeten die Namen der Ritter, die den Turnierplatz betraten.

Vieles, was wir wissen, stammt aus Berichten, die Chansons und Romane überliefern. Sie beschrieben eine sehr idealisierte Form des Turnierkampfes. In Wirklichkeit jedoch gab es eine Vielfalt, und es gab sicher jede Menge Wettstreite, die weniger prachtvoll waren als diejenigen, die in der ritterlichen Literatur verherrlicht werden.

KÄMPFEN IN KOSTÜMIERUNG

Sich darzustellen, war wesentlicher Bestandteil der Veranstaltung. Ritter verkleideten sich gern als Mönche, Kardinäle, frühe Römer und Frauen – aber noch häufiger ahmten sie bekannte Ritter aus der Literatur nach. War ein Charakter vorgegeben, brauchten die Teilnehmer ein Kostüm, dass sich leicht über die Schutzkleidung ziehen ließ; die Verkleidung durfte zudem die Fähigkeit zu kämpfen nicht

▼ *Farbenpracht und Spannung eines Turniers verdeutlicht diese Szene einer Veranstaltung im 14. Jh. Ein Herold (rechts) leitet die Feier; auf den Tribünen spekulieren Damen und Höflinge über den Ausgang.*

beeinflussen. Die Kostümierung konnte aus einem einfachen Mantel mit Wappen bestehen, dazu aus einem Symbol auf dem Pferdeumhang und dem -geschirr. Im 13. bis 15. Jh. wurden Ritterturniere häufig als theatralische Würdigungen begangen, und diejenigen, die daran teilnahmen, verkörperten entweder bedeutende Ritter der Geschichte oder spielten typische Szenen aus der romantischen Literatur nach. Im Jahre 1468 feierte Karl der Glatzköpfige, Feudalherr in Burgund, seine dritte Hochzeit mit Prinzessin Margarete von York mit einem 14-tägigen Turnier in Brügge. Es wurde nach einer romantischen Erzählung inszeniert, die auf einer Geschichte von Florimont beruhte: „Der Ritter des Goldenen Baumes", der im Dienste der Dame der Geheimnisvollen Insel stand. Dafür wurde ein Baum auf den Marktplatz gestellt. Ein Meisterritter musste diesen acht Tage lang jeden Tag erneut gegen vier Gegner verteidigen. Der Baum wurde von einem Zwerg, gekleidet in weißen und roten Satin, und von einem Riesen beschützt; jeder Herausforderer musste viermal an eine Absperrung klopfen und sich persönlich von einem Herold identifizieren lassen, bevor er die angebotene Lanze ergriff. Danach musste er 30 Minuten gegen den Ritter des Goldenen Baumes kämpfen. Wer die größte Zahl an Lanzen zerbrach, sollte der Gewinner sein. Der Zwerg blies zu Beginn des 30-minütigen Wettbewerbs das Horn. Nach acht Tagen Lanzenstechen endete das Turnier mit einer Mêlée aus zwei gegnerischen Mannschaften von 25 Rittern. Prinzessin Margaret trug eine prachtvolle, goldene Krone mit Perlen und wertvollen Steinen sowie der weißen Rose von York.

DIE TAFELRUNDEN ARTURS

Es gab eine ganze Reihe von „Tafelrunden-Turnieren", in denen die Ritter Arturs Krieger nachspielten. Im Jahre 1223 veranstaltete Kreuzritter John von Ibelin, Feudalherr in Beirut, das erste derartige Turnier, eine „Tafelrunde" auf Zypern, um den Ritterschlag seines Sohnes zu feiern. Der Deutsche Ulrich von Lichtenstein nahm 1240 an einem Turnier bei Neustadt teil, wo sechs Ritter einer „Tafelrunde" gegen 17 Angreifer kämpften; es war als *Tjost* geplant. Doch es wurde entgegen der Regeln so gekämpft, dass zwei Ritter gegen einen antraten: eine Mischung aus *Tjost* und *Mêlée*. Der Kampf war heftig, Ulrich berichtet, dass mehr als 100 Speere zerbrachen. König Eduard I. von England veranstaltete zwei „Tafelrunden"-Turniere – eines während er noch Prinz war (1254) und das andere als König (1284).

Das berühmteste Turnier ließ Eduard III. von England 1244 in Windsor austragen. Hier verkündete er die Bildung einer ritterlichen, säkularen Bruderschaft. Der „Hochedle Orden vom Hosenbande" wurde vier Jahre später, im Juni 1348, gegründet.

REQUISITEN, KULISSEN UND TANZEINLAGEN

Auf den Turnier-Wettbewerben wurden neben Kostümen auch Requisiten und Kulissen eingesetzt. Es ist wahrscheinlich, dass der berühmte im Durchmesser 5,5 m große runde Tisch in Winchester für ein Tafelrunden-Turnier Eduard III. gebaut wurde. Vom Design des Tisches, der die Namen von Arturs Rittern trug, gibt es ein Gemälde aus dem 16. Jh. Wahrscheinlich wurde es für einen anderen königlichen Bewunderer des Rittertums, König Heinrich VIII., angefertigt. 1328 ließ Roger Mortimer, Earl of March, als Kulisse eine Burg aus Segeltuch errichten. Hier wurde eines der Turniere für den jungen Eduard III. gefeiert, der Eduard II. ablöste (der abgesetzte König wurde später in Berkeley Castle, Gloucestershire, grausam ermordet). Auf dem Turnier, das 1430 von Philip dem Guten veranstaltet wurde, gab es Bühnenrequisiten und eine große Zahl an Kulissen, einschließlich eines riesigen hölzernen Löwens, Hirschskulpturen sowie ein Einhorn als Getränkespender. Derartige Turniere waren wichtige soziale Veranstaltungen im mittelalterlichen Kalendarium. Sie wurden seit dem 12. Jh. von Feiern und Tänzen begleitet – wir wissen, dass es Tänze auf den Turnieren gab, an denen William Marshal (1146–1219) teilnahm. Es wurde zur Tradition, dass es Tänze in der Nacht vor dem Turnier gab sowie viele weitere Veranstaltungen – so wie es bei einem berühmten Turnier bei Chauvency in Frankreich im Jahre 1285 jede Nacht eine Tanzveranstaltung gab.

▲ *Am Abend begleiten Ritter nach Training ihre Angebeteten zu den höfischen Veranstaltungen, Tänzen und Feierlichkeiten. Der untere Teil dieses Freskos von 1390 stellt diesen Aspekt der Turniere dar.*

DIE KÖNIGIN DES TURNIERES

DIE BEDEUTUNG ADLIGER DAMEN BEI TURNIEREN

▲ *Der Kodex höfischer Liebe trieb den Ritter im Turnier und in der Schlacht zu tapferen Handlungen an – auch wenn die Leidenschaft seiner Dame unerreichbar war.*

Adlige und feine Damen spielten eine zentrale Rolle im Turnier. Sie fungierten nicht nur als Zuschauer, sondern waren oftmals Mäzene der Turniere. Ihre Anwesenheit heizte die Motivation der miteinander wettstreitenden Ritter gehörig an. Auch waren sie, zumindest namentlich, Schiedsrichter des Lanzenstechens und überreichten den besten Rittern die Preise.

EIN GLANZVOLLES PUBLIKUM

Die ersten Turniere waren eher militärische Manöver als höfische Veranstaltungen und benötigten kein Publikum, aber seit dem 13. Jh. waren Damen immer häufiger zugegen. Der erste Bericht eines zu Ehren einer Dame veranstalteten Wettbewerbs stammt aus dem Jahre 1207; damals war Peter II. von Aragon Gastgeber eines Turnieres bei Montpellier.

In England war die Gegenwart von Damen bei Turnieren um 1330 die Regel.

▼ *König und Königin sehen vom Balkon aus, wie zwei Ritter ihre Lanzen im Kampf zerschmettern. In der Bildmitte ist die robuste Holzbeschrankung (Tilt) aufgebaut.*

Die Ehefrau von König Eduard III., Philippa von Hainault, war nach ihrer Heirat im Jahre 1328 regelmäßige Besucherin der Turniere ihres Ehemannes und trug dazu bei, dass die Gegenwart adliger Damen bei diesen Veranstaltungen populär wurde. Doch schon früher (1279) war die Tafelrunde König Eduards I. von England bei Kenilworth Castle für 100 Ritter und deren Damen gedacht.

Turniere waren oft mit großem höfischen Pomp und Tanzeinlagen verbunden. Das Turnier von König Eduard III. 1344 in Windsor begann mit einem Fest in der Burg zu Ehren der Königin, während die Ritter in speziell aufgestellten Pavillons speisten. Das *Tjostieren* fand über die folgenden drei Tage hinweg statt.

DIE KÖNIGIN ARTURS

In den ausgeklügelten Turnieren, die nach Themen aus der *Artus-Legende* oder anderen gestaltet wurden, spielten Damen die Rolle der Königin, Prinzessin oder des Burgfräuleins aus den Rittersagen. In Le Hem, Picardie, wurde im Jahre 1289 ein zweitägiges Artus-Turnier zu Ehren einer Dame veranstaltet, die Königin Guinevere porträtierte; all das wurde detailreich im

Gedicht *Le Roman du Hem* beschrieben, das der anglonormannische Trouvère Sarrasin verfasste. Alle Ritter mussten eine Dame mitbringen, so wie ein fahrender Ritter im Roman sein Burgfräulein mitbrachte. Das Turnier wurde von *Lady Courtoisie* eröffnet.

Das Turnier der Feudalherren von Bazentin und Longueval lieferte für das Lanzenstechen den erzählerischen Rahmen. Zu Beginn verbeugten sich sieben Ritter aus Guinevere vor ihrer Königin und berichteten, dass sie alle von einem adligen Krieger namens „Ritter mit dem Löwen" abgefunden worden waren. Sofort trat dieser Ritter auf und brachte mehrere Burgfräulein von Guinevere mit, die er vor einem scheußlichen Schicksal bewahrt hatte, und ebenso einen lebendigen Löwen. Er sollte *Yvain* darstellen und wurde von Robert II., Graf von Artois, gespielt. Der Graf nahm an dieser Veranstaltung teil, obwohl er exkommuniziert worden war. 1302 sollte ausgerechnet er die französische Armee in eine schwere Niederlage gegen die flämische Armee in der Schlacht von Courtai führen.

Anschließend verkündete eine adlige Dame, dass diese Ritter von Guinevere die Besten der Welt seien, aber ihr „Gebieter" forderte sie wütend heraus und schwor ihr, dass er sie in der Öffentlichkeit besiegen würde. Die Ritter von Guinevere konnten sich beweisen, indem sie den „Meister" besiegten. Diese Veranstaltung war weniger eine Vorstellung vor Publikum als vielmehr eine miteinander geteilte theatralische Erfahrung. Die Mitwirkenden und Anwesenden versetzten sich zurück in die Zeit von König Artur.

▲ *Ein Ritter erweist der Dame, die dem Turnier vorsteht, seine Ehre. Diese formalen Begegnungen waren eine Konvention und gehörten zur ritterlichen Romantik.*

DIE DAME ALS INSPIRATION

Als sich die Tradition der höfischen Liebe entwickelte, kämpften Ritter oft zu Ehren einer Dame. Ein Ritter trug eine „Gunst" – ein *Token* wie einen Schal, den sie ihm gegeben hatte. Die Begierde des Ritters, die Gunst der Dame zu gewinnen, motivierte ihn, tapfer zu kämpfen. In Thomas Malorys *Morte d'Arthur* ist Sir Palomides – der, wie Sir Tristan, Isolde liebte – in den Turnieren unbesiegbar, nachdem Isolde ihm einen Blick zugeworfen hat. Sir Palomides „stach mit seinem Schwert oder seiner Lanze anschließend jeden Ritter nieder, der ihm in den Weg kam." In diesem Fall war Palomides motiviert, trotz der Tatsache, dass Isoldes Herz Tristan gehörte – und das Lachen, das er sah, galt Sir Tristan, der in seinem ritterlichen Schmuck vorbeiritt.

PREISVERLEIHERINNEN

Die Damen, die der Veranstaltung vorsaßen, wurden oft gebeten, für die besten Leistungen in der *Mêlée* und im *Tjost* die Preise zu überreichen. Einige Berichte lassen vermuten, dass sie die Gewinner aussuchten, aber sie haben wohl nur den Gewinnern die Preise präsentiert, die von Schiedsrichtern, die sich mit den Regeln des Turniers auskannten, benannt wurden.

▼ *Die Illustration eines italienischen Turniers im 15. Jh. verdeutlicht den Wettstreit in einer Mêlée.*

KRIEG ODER FRIEDEN

TURNIERE AUF FELDZÜGEN UND WETTBEWERBE IM FRIEDEN

Tjoste und Mêlées wurden in Kriegszeiten von Rittern als Freizeitvergnügen veranstaltet. Im Frieden provozierten Turniere wegen der Todesfälle und der Gewaltbereitschaft der Kämpfenden den Widerspruch von Staat und Kirche.

LANZENSTECHEN IM KRIEG

Seit den Anfängen der Turniere kämpften Ritter Mêlées und Tjosten, wenn sie sich auf einem Feldzug befanden – insbesondere, wenn die Waffen gerade ruhten oder sie an einer langen Belagerung teilnahmen. Vom Chronisten Geoffrey von Malaterra wissen wir, dass normannische Ritter während der Belagerung in Sizilien 1062 ein Turnier veranstalteten. Im 12. Jh. gab es Lanzenstechen bei der Belagerung Würzburgs (1127), 1141 in Lincoln bei der Belagerung der Burg durch König Stephans Streitkräfte, 1197 veranstaltete die Armee Richards I. bei Waffenruhe ein Turnier bei Tours. Ein anderes Beispiel ist der große bretonische Ritter Bertrand du Guesclin, der 1357 bei Rennes eine Serie von Tjosten gegen einen englischen Gegner kämpfte, während er die Verteidigung der Stadt gegen eine belagernde englische Armee unter dem Kommando von Henry von Grosmont, Herzog von Lancester, übernahm.

In den Grenzkonflikten des 14. Jh. zwischen England und Schottland gab es zwischen den einzelnen Gefechten oft lange Phasen, in denen nichts passierte. Gegnerische Ritter verabredeten sich deshalb zum kriegerischen Lanzenstechen, die weder eine richtige Waffenruhe noch eine kriegerische Auseinandersetzung waren. Im Jahre 1341 hinterließ das Lanzenstechen zwischen 20 Rittern bei Berwick auf jeder Seite drei Tote und viele Verletzte, aber nichtsdestotrotz endete es mit einer Preisverleihung für die besten Ritter.

▼ *Obwohl die Kirche Turniere missbilligte, nutzte man diese Gelegenheit nur allzu gern, um Ritter für den Heiligen Krieg bzw. einen Kreuzzug anzuwerben.*

SCHAUPLATZ ODER SÜNDENPFUHL?

Für Ritter waren Turniere in Friedenszeiten Schauplätze par excellence, Orte, an denen er Schlüsseltugenden, den *prouesse* (Heldenmut) und seinen Kampfesmut beweisen konnte, ebenso seine *courtoisie* (Zuvorkommenheit) der Damenwelt gegenüber; er konnte *franchise* und *debonnairete* (Disziplin und edle Manieren) beweisen und seine *largesse* (Freigebigkeit) zeigen.

▲ *Papst Innozenz II. verbot 1130 Turniere. Das hinderte ihn nicht daran, Gewalt gegen seinen Gegenkandidaten Anacletus II. anzuwenden. Innozenz sandte König Lothar II. nach Italien, um für ihn zu kämpfen.*

Für die Kirche dagegen waren Turniere sündhafte Schwärmereien für Gewalt und Stolz. Mitte des 13. Jh. schrieb der Bischof von Acre, dass Ritter bei einem Turnier jede einzelne der sieben Todsünden begingen, da sie sich stolz fühlten, wenn man sie lobte, und andere beneideten, wenn diese eine bessere Wertung bekamen; sie erlaubten sich, im Turnierkampf Zorn zu fühlen und entsprechend zu handeln; sie waren geizig und beäugten gierig die Pferde und glänzenden Rüstungen der anderen; sie schwelgten in Lust, wenn es darum ging, gottlose Frauen mit ihrer Gunst zu erfreuen; sie waren faul und schlichen sich nach dem Kampf zurück in ihr Lager; und sie waren unersättlich bei den Feierlichkeiten, die auf die Kämpfe folgten. Angesichts derartiger Kritik passierte es, dass bei einem

Turnier in Cheapside, London, im Jahre 1362 sieben Ritter die Turnieranlagen im Gewand der sieben Todsünden betraten und gegen ihre Herausforderer kämpften.

TURNIERVERBOT

Papst Innozenz II. schließlich belegte 1130 die Turniere mit dem Bann. Auf dem Konzil von Clermont erklärte er im selben Jahr: „Wir verbieten strikt diese verabscheuenswerten Jahrmärkte, auf denen die Ritter ihre Stärke und Dreistigkeit darstellen", und er fügte hinzu, dass es bei der Teilnahme an einem Turnier neben der wirklichen Gefahr des Todes oder ernster Verletzungen „Gefahren für die Seele" gäbe. Denen, die das Verbot ignorierten, drohte Exkommunikation. Bei Turnieren getöteten Rittern wurde ein kirchliches Begräbnis verweigert.

Könige bestärkten die Kirche, indem sie Turniere gleichermaßen ächteten. Die Verbote waren allerdings unterschiedlich effizient: In England schafften es starke Könige wie Heinrich I. und Heinrich II., dass ihrem Verbot Folge geleistet wurde; ein schwacher Herrscher wie König Stephan konnte dies nicht. In der Folge reisten englische Ritter unter Stephans Herrschaft (1135–1154) regelmäßig nach Frankreich, um dort an Turnieren teilzunehmen.

TURNIERREGELN

1194 nahm König Richard I. von England das päpstliche Verbot zurück und führte ein Lizenz-System ein, unter dessen Bedingungen auch in England legal Turniere veranstaltet werden durften. Obwohl Richard ein großartiger König und ein hingebungsvoller ritterlicher Patron war, war er selbst kein eifriger Turnierteilnehmer. Bevor er König wurde und in Frankreich lebte, steckte er seine ritterliche Energie lieber in seine Teilnahme an Kriegen in Aquitanien als in Turnierwettstreite. Aber er erkannte nachweislich den Nutzen als Übung für die Ritter und wollte sie in England einführen, damit Ritter ihre militärischen Fähigkeiten verbessern konnten.

Dem Arrangement entsprechend gab es in England fünf zugelassene Turnieranlagen: Wiltshire, Warwickshire, Suffolk, Northamptonshire und Nottinghamshire. Wollte ein Ritter auf einem dieser Anlagen ein Turnier veranstalten, musste er eine Pacht bezahlen und eine persönliche Genehmigung kaufen. Ritter, die nicht aus England kamen, erhielten keine Lizenz.

Historiker merken dieser Stelle an, dass Richard I. als König ständig knapp bei Kasse war, woran teilweise wohl seine teuren Kreuzzüge schuld waren. Zweifellos entwarf er das Lizenzkonzept auch des Geldes wegen, da die Genehmigungen Pacht einbrachten. Nicht zu vergessen die saftigen Geldstrafen, die über diejenigen verhängt wurden, die sich nicht an die Regeln hielten.

▲ *Abbildungen von Tänzen (unten) und Festen (oben) und dazwischen das Werk des Teufels – das Reiten in den Krieg und das Wettstreiten auf Turnieren – zeigt diese Illustration aus dem frühen 14. Jh.*

In Frankreich, wo die Könige ein wesentlich engeres Verhältnis zum Papsttum hatten, verboten diese auch weiterhin Turnierveranstaltungen – allerdings mit nur mäßigem Erfolg. Der päpstliche Bann blieb bestehen, bis ihn schlussendlich Papst Johannes XXII., zweiter Papst des Avignon-Papats (14. Jh., als sieben Päpste, allesamt Franzosen, ihren Wohnsitz bei Avignon in Frankreich hatten), aufhob.

TOD UND GEFAHR

DAS RISIKO DER NIEDERLAGE IN EINEM TURNIER

Besonders in frühen Jahren waren Turniere sehr gefährlich und Ritter wurden manchmal in den blutigen Angriffen der Mêlée getötet. In späten stilisierteren Turnieren konnte die Niederlage eines Ritters zumindest dessen wirtschaftlichen Ruin und Demütigung bedeuten.

▲ *Hauptgefahr im Turnier war, von der Lanze eines anderen Ritters am Kopf verletzt zu werden. Teilnehmer des Lanzenstechens waren häufig verwundet.*

TOT AUF DEM TURNIERFELD

Viele Ritter starben unter den Bedingungen der frühen Turniere. Einige wurden durch verängstigte Pferde getötet – Geoffrey, Herzog von Britannien und Sohn von König Heinrich II. von England, wurde 1186 bei einem Turnier nahe Paris zu Tode getrampelt. Manchmal wurden die Teilnehmer von Hitze und dem Staub eines Turnieres überwältigt – 1214 bei Neuss erstickten nicht weniger als 80 Ritter. Viele Wettstreiter verloren ihr Leben, weil die Zusammenstöße zu heftig ausfielen. Im Jahre 1344 starb Sir William Montagu, 1. Earl von Salisburg, an einer starken Prellung, die er sich im Turnier bei Windsor zugezogen hatte. 1383 starb Sir Williams Enkel, ein weiterer William Montagu an Wunden, die er auf einem Windsor-Turnier erlitt – die Verletzungen wurden ihm von seinem eigenen Vater Sir William Montagu, dem zweiten Lord von Pointier, zugefügt. Im Jahre 1215 tötete Roger von Leybourne Sir Arnulf Munteny, einen Ritter König Heinrichs III. von England. Sir Roger strebte nach Rache für eine Kleinigkeit, die ihm in einem früheren Turnier von Sir Arnulf zugefügt worden war, und benutzte eine geschärfte Lanze, die er Sir Arnulf unter den Helm stach. Sir Roger fiel in Ungnade, erholte sich jedoch rasch und ging auf einen Kreuzzug. Er schaffte es, die Gnade des Königs wiederzuerlangen. Seine Ritterkarriere war lang und glanzvoll; er kämpfte sowohl mit Simon de Montfort als auch in den 1260er-Jahren für die Royalisten.

▼ *Der erschütternde Schlag zwischen zwei Rittern schleudert einen zu Boden. Der Holzschnitt von 1516 wurde vermutlich von Albrecht Dürer angefertigt.*

TRAGISCHER UNFALL

Relativ spät in der Geschichte des Rittertums erlitt König Heinrich II. von Frankreich eine tödliche Verletzung, als er im Juli 1559 an einem Lanzenstechen teilnahm. Das Turnier wurde auf der Place des Vosges in Paris veranstaltet, um die Hochzeit seiner Tochter mit König Philip II. von Spanien und den Frieden von Cateau-Cambrésis zu feiern, der den Italienischen Krieg von 1551–1559 beendete. Während des Lanzenstechens zersplitterte eine Lanze. Ein Teil durchdrang das Visier und das Gehirn des Königs. Der König litt neun Jahre lang qualvoll und erlag schließlich seiner Verletzung.

▲ *Da das Statusgefühl und die persönliche Sicherheit auf dem Spiel standen, konnte es bei Lanzenstechen und anschließenden Schwertkämpfen heiß hergehen. Die Schiedsrichter waren stets bereit einzugreifen.*

KRIEGERISCHE TJOSTE

Zahlreiche Männer starben bei den kriegerischen Tjosten, die Ritter in den Pausen der militärischen Feldzüge gegeneinander kämpften. 1341 wurde der schottische Ritter Sir William Douglas beim Lanzenstechen zwischen vier schottischen und vier englischen Rittern bei Roxburgh getötet. Im Jahre 1351 konkurrierten im berühmten „Kampf der Dreißig" zwei Mannschaften, die aus jeweils 30 Rittern bestanden, in der Nähe von Ploermel in Britannien: Eine französische Einheit von 30 Bretonen turnierte gegen eine englische Gruppe, die sich aus Engländern, Deutschen und Bretonen zusammensetzte. Die beiden Gruppen waren Garnisonen, die im Dienste gegnerischer Feudalherren standen, beide klagten den Besitz des Herzogtums Britannien ein. Beim Lanzenstechen wurden mindestens drei der französischen Ritter getötet, während auf englischer Seite nicht weniger als neun englische Ritter einschließlich des englischen Kommandeurs Sir Robert Branborough, starben.

RUIN BEI NIEDERLAGE

Fiel ein Ritter vom Pferd, musste sein Gegner absteigen, um den Kampf zu Fuße fortzusetzen: die beiden gaben ihre Lanzen ab und kämpften mit Keulen und Schwertern weiter – solange, bis einer von ihnen aufgrund von Verletzungen oder Erschöpfung nicht mehr in der Lage war weiterzumachen und den *Quitt-Schrei* ausrief, um den Wettbewerb zu beenden. Ein Richter oder ein Patron oder eine Patronin konnten allerdings auch eingreifen, um den Wettstreit zu beenden. Ein besiegter Ritter war verpflichtet, ein Lösegeld zum Erwerb seiner Freiheit zu bezahlen und man erwartete , dass er sein Pferd, Rüstung und Waffen abgab. Um frei zu werden, musste er sich verbürgen, die Lösegeldsumme zu entrichten – und er musste seine *Parole* (Ehrenwort) geben. Dann wurde er „auf Bewährung" freigelassen.

Ein Ritter, der wiederholt besiegt wurde, hatte rasch einen ansehnlichen Schuldenberg angehäuft. Der französische Adlige Robert de Baudricourt berichtet im 15. Jh. von einem Verwandten, der oft Turniere verlor und dessen Frau so vorsichtig wirtschaftete, dass es ihr gelang, die Verbindlichkeiten ihres Mannes auszugleichen. Auf der anderen Seite konnte ein Ritter, der regelmäßig gewann, ein Vermögen machen.

TJOST À *OUTRANCE*, TJOST À *PLAISANCE*

Die kriegerische Form des Lanzenstechens war die gefährlichste Sportart, da mit geschärften Waffen gekämpft wurde und dies in einigen Kämpfen auch zum Tode führte. Sie wurden als *Tjost à outrance* (zum Äußersten) bezeichnet. Daneben wurden im 14. und 15. Jh. höfische Turniere oft *à plaisance* (zum Gefallen der Zuschauer) mit abgestumpften Lanzen, Keulen und Schwertern bestritten.

▼ *Auf Turnieren waren trotz abgestumpfter Waffen Verletzungen normal.*

„DER GRÖSSTE RITTER, DER JE GELEBT HAT“

SIR WILLIAM MARSHAL

Sir William Marshal stammte aus bescheidenen Verhältnissen und wurde zu einem großen Ritter und Staatsmann. Anfänglich erlangte er seinen guten Ruf, weil er auf Turnieren seinen Heldenmut unter Beweis stellte. Stephen Langton, der Erzbischof von Canterbury (1207–1228), erklärte ihn zum „größten Ritter, der je gelebt hat“. Nach dem Tod von Sir William im Jahre 1219 bewilligte sein Sohn William Marshal II. eine Biografie. Die *L'Histoire du Guillaume le Maréchal* ist eine Verschronik, die das ereignisreiche Leben des William Marshals in allen Facetten beleuchtet.

▲ *William Marshal war im Wesentlichen dafür verantwortlich, dass die ersten Steinbefestigungen für die Pembroke-Burg in Wales errichtet wurden. Er baute sie 1093.*

EINE FRÜHE FLUCHT

Im Jahre 1152 wurde William, gerade sechs Jahre alt, von seinem Vater John Marshal als Geisel gegeben, nachdem Johns Burg bei Newbury von der Armee König Stephans belagert worden war. Der König hob die Blockade auf, und erwartete, dass Friedensverhandlungen eingeleitet würden. Doch John nutzte die Gelegenheit, Vorräte in die Burg zu schleusen. Stephan drohte mehrmals damit, den kleinen William zu töten, sollte John nicht kooperieren, aber dieser soll erwidert haben: „Ich habe einen Hammer und einen Meißel, mit denen ich bessere Söhne schmieden kann!“ Am Ende behielt Stephan William unter seiner Vormundschaft bis 1153 an seinem Hofe.

◄ *König Stephan, der damit drohte, William zu töten, um Verhandlungen mit dessen Vater, John Marshal, zu erzwingen.*

Von 1159–1166 erhielt William eine ritterliche Ausbildung als Knappe am Hofe von William de Tancarville, Kämmerer in der Normandie und Cousin seiner Mutter. 1166 wurde er mit 20 Jahren zum Ritter geschlagen. Im selben Jahr, in dem er mit de Tancarville und als Teil der Garnison der Burg in Neufchâtel-en-Bray war, kämpfte er im Grenzkonflikt zwischen König Heinrich II. und den Herzögen von Boulogne, Flandern und Ponthieu. William war außergewöhnlich tapfer – sein Meister rief ihn von der Kampfbühne zurück und schimpfte, weil er so ein Hitzkopf war und das Pferd an einen Gegner verloren hatte.

SEIN ERSTES TURNIER

Er war auf dem Tiefstand. De Tancarville, der offensichtlich unzufrieden war, weigerte sich, ihm ein neues Pferd zur Verfügung zu stellen, und Williams Mittel waren so begrenzt, dass er seine Kleider verkaufen musste, um sich eines beschaffen zu können. Doch schon bald, als er bei Le Mans sein erstes Turnier kämpfte, sollte sich sein Leben schlagartig ändern. Er hatte einen riesigen Erfolg: In der Mêlée konnte er einige Gefangene verbuchen, und am Ende war er um vier Pferde reicher und ein anderes besaß er zur Hälfte.

William verbrachte zwei Jahre damit, auf Turnieren in Frankreich zu gewinnen (und reich zu werden). Er schloss mit einem anderen talentierten Ritter aus dem Lager von König Heinrich II., Heinrich, dem jungen König, eine Partnerschaft. Innerhalb von zehn Monaten konnten William und Heinrich nicht weniger als 103 Ritter mitsamt ihrer Pferden und ihrer Ausrüstung verbuchen. 1168 trat William in den Dienst seines Onkels Patrick, Graf von Salisbury, und während er an seiner Seite in Poitou kämpfte, wurde er verletzt und von Guy de Lusignans (dem französischen König, der später König von Jerusalem wurde) Soldaten gefangengenommen. William wurde eingesperrt, aber kurz danach von Eleonore von Aquitanien, der Ehefrau König Heinrichs II., freigekauft.

KÖNIGLICHER DIENST UND KREUZRITTER

1170 wurde William der Hauslehrer des 15-jährigen Heinrich. Er sollte ihn in die Waffenkunde einweisen. Im darauffolgenden Jahrzehnt kämpften die beiden oft Seite an Seite auf Turnieren und William wurde reich genug, um seinen eigenen Ritterhaushalt zu unterhalten. 1182 wurde er vom Hof des jungen Königs gescheucht, man warf ihm vor, der Ehefrau von Heinrich, dem jungen König, Margaret, zu nahe gekommen zu sein. Dies war wahrscheinlich eine fadenscheinige Begründung, die neidische Höflinge in die Welt gesetzt hatten, aber sicher sein konnte man sich bei William nie.

Im darauffolgenden Jahr versöhnten sich Heinrich und Marshal, und William kehrte an den Hof zurück, aber nur, um den jungen König im Juni 1183 an der Ruhr sterben zu sehen. Heinrich hatte das Kreuz an sich genommen, und an seinem Totenbett gab er William Marshal seinen Umhang und ließ ihn versprechen, ihn nach Jerusalem zu bringen. Daraufhin ging William in einen Kreuzzug, und im Heiligen Land sprach er den Schwur aus, als Tempelritter begraben zu werden.

▼ *Die Templerkirche in London, in der William Marshal 1219 beerdigt wurde.*

▲ *Die Unterzeichnung der Magna Carta durch König Johann im Juni 1215. Sir Marshal unterschrieb ebenfalls.*

IM KAMPF GEGEN LÖWENHERZ

Nach seiner Rückkehr diente er von 1186 bis 1189 König Heinrich II. Marshal kämpfte in der Hofwache des Königs, auf Feldzügen gegen Philip II. von Frankreich und gegen Heinrichs aufständischen Söhne. Angeblich soll er die Gelegenheit gehabt haben, Prinz Richard (den zukünftigen König Richard I. von England) zu töten, als dieser plötzlich isoliert war. Man sagt, dieser hätte um sein Leben gebettelt und Marshal sich entschlossen, stattdessen das Pferd des rebellischen Prinzen zu töten. Als König beschloss Richard, Marshal zu ehren. 1189 organisierte er die Hochzeit Williams mit der 17-jährigen Isabel de Clare, Erbin Richard de Clares, dem 2. Earl von Pembroke. Marshal baute die Penbroke- und die Chepstow-Burg de Clares um.

BERÜHMTER ADEL

Für den Rest seines langen Lebens war Marshal ein führender Mann Englands. Er war Mitglied im Regierungsrat. Schließlich wurde er Marshal des Königreichs. Nach dem Tod Richards diente er König Johann, unterstützte die Magna Carta und nach Johanns Tod wurde er von König Heinrich III. zum Protektor des Königreichs ernannt.

Mittlerweile war er 70 Jahre alt, aber er kämpfte immer noch mit bemerkenswerter Kraft in Heinrichs Armee gegen die aufrührerischen Barone in der Schlacht von Lincoln im Jahr 1217. Er starb 1219 und, in Erfüllung seines Schwures auf dem Kreuzzug wurde er als Tempelritter in sein Totenbett eingebettet.

WILLIAM MARSHAL

Geboren: *ca.*1146
Gestorben: 14. Mai 1219
Ritterschlag: 1166
Berühmt für: das Leben von Richard Löwenherz geschont zu haben und zum Marshal aufgestiegen zu sein
Größter Erfolg: er blieb in den europäischen Turnieren unbesiegt

▼ *Eine Statue von William Marshal in der Templerkirche in London.*

SPIELREGELN

TURNIERGESETZE UND -TECHNIKEN

Das Regelwerk, nach dem auf Turnierveranstaltungen Wettstreite stattfanden, entwickelte sich im Verlauf der Zeit. Kann man die ersten Turniere als „Krieg ohne Töten" bezeichnen, waren die Veranstaltungen des mittleren 15. Jh. von einem komplexen Regelwerk bestimmt. Es legte fest, wie der Ritter Punkte erzielen konnte, und beschrieb im Detail die unerlaubten Manöver und solche, die zur Disqualifikation führten.

KRIEGSSPIELE

Auf den Turnieren des 12. Jh., etwa den allerersten Geländeschlachten der Franken, durften die Ritter alle Techniken einsetzen, um den Gegner zu besiegen. Verboten war der Kampf bis zum Tode sowie die Absicht, den anderen zu verletzen. Es gab Abschnitte, in denen Ritter und ihre Pferde ausruhen konnten. In frühen Turnieren durften Ritter Lanzen, Schwerter, Schlachtbeile, Keulen, und Pfeil und Bogen verwenden.

▼ *Die Turniere waren seit dem 15. Jh. besser reguliert, es gab Bestimmungen für Zutritt, Gefecht und Punktevergabe.*

Einige der uns überlieferten Techniken und Taktiken waren allerdings eher unritterlich. So wurde der Adlige Philip von Elsass, Graf von Flandern, im 12. Jh. berühmt, weil er sich solange weigerte, an einer Mêlée teilzunehmen, bis die anderen Ritter kurz vor der Erschöpfung standen. Erst dann sprang er in die Turnieranlage, griff eine Gruppe von Gegnern an und heimste reichlich Lösegeld ein. Philip ging später zweimal auf Kreuzzüge, 1177 und 1190 auf dem 3. Kreuzzug, wo er während der Belagerung von Acre starb.

GEFECHTSREGELN

Für das 13. und 14. Jh. gibt es nur wenige Belege. Es sieht so aus, als ob es einige allgemeine Regeln gegeben hätte, und dass sich die Teilnehmer vorab über die Gefechtsregeln einigten. Bei Veranstaltungen der „Tafelrunde", die im 13. Jh. und später beliebt waren, willigten die Ritter in die Vorschriften ein, die zu Beginn des Turniers festgelegt wurden. Typische Regeln dieser „Tafelrunden"-Turniere forderten den Gebrauch stumpfer Waffen. Zudem limitierten sie die Anzahl der Knappen, denen es erlaubt war, die Turnieranlagen zu betreten, um einen Ritter im Wettstreit zu unterstützen. Es war üblich, dass Knappen und alle anderen unterstützenden Bediensteten unbewaffnet sein mussten. Meist wurde festgelegt, dass ein Ritter, der sich ergeben hatte, nicht weiter angegriffen werden durfte, geschweige denn selbst einen weiteren Angriff vollziehen durfte. Im frühen 13. Jh. wurden erstmals abgestumpfte Waffen verwendet. Dieses Verfahren trug wesentlich dazu bei, dass Turnierkämpfe gefahrloser abliefen. Seit Mitte des 13. Jh. besaßen Lanzen keine Spitzen mehr, sondern einen abgerundeten Krönig.

Im Allgemeinen wurden auch Details zu Rüstung und Lanzenlänge festgelegt. Aus einem Bericht des Romans von Fulk Fitzwarin (ca. 1230) wissen wir, dass bereits ab Mitte des 13. Jh. Schiedsrichter dafür zuständig waren, Streitigkeiten im Verlauf eines Turniers zu schlichten.

PUNKTE UND DISQUALIFIKATION

Mitte des 15. Jh. gab es recht komplizierte Punktevergabe-Systeme. Eine ausführliche Beschreibung findet man in Sir John Tiptofts *Ordinances* aus dem Jahre 1466. Danach erreichte derjenige Ritter die höchste Punktzahl, der seinen Gegner vom Pferd stieß und ihn und auch das Pferd zu Boden brachte. Die zweithöchste Punktzahl erreichte, wer zwei Speere, die mit ihren Krönigen zusammentrafen, zerschmettern konnte. Die drittbeste Punktzahl wurde durch das dreimalige Stoßen gegen das Visier des Gegners erzielt, und die viertbeste schließlich konnte ein Ritter verbuchen, der die meisten Speere zerbrach.

Wie Sie bereits wissen, tjostierten die Ritter in dem Turnier in Brügge, das 1468 von Karl dem Glatzköpfigen, Herzog von Burgund, veranstaltet worden war, über eine Satzdauer von 30 Minuten. Gewinner war derjenige, der die meisten Lanzen zerbrach. Diese Regelung war ungewöhnlich, und vor Mitte des 15. Jh. völlig unbekannt.

▲ *Karl der Glatzköpfige, Herzog von Burgund (1433–1477) in der prachtvollen Robe des Ordens vom Goldenen Vlies.*

Bis dahin konkurrierten Ritter beim Lanzenstechen in einer bestimmten Satzzahl, die vorher vereinbart wurde.

Die *Ordinances* von Sir John Tiptoft lassen vermuten, dass ein Ritter ausgeschlossen werden konnte, wenn er ein Pferd, einen unbewaffneten Ritter oder einen, der ihm den Rücken zuwandte, schlug, dreimal den *Tilt* (die zentrale Absperrung in der Wettbewerbsanlage) berührte oder seinen Helm zweimal abnahm (hatte er Schwierigkeiten mit seinem Pferd, durfte er den Helm abnehmen). Wurde in einer Mêlée gekämpft, mussten Ritter ihr Schwert dem Schiedsrichter zeigen. Sie konnten disqualifiziert werden, wenn sie ein Schwert fallen ließen, es an ihrer Hand festbanden, einen Gegner unterhalb der Taille schlugen oder sich auf der Absperrung ausruhten.

TECHNIKEN IN DEN TURNIERANLAGEN

Duarte, König von Portugal, schrieb 1434 ein Handbuch über das Tjostieren und über den Umgang mit Pferden: *Die Kunst des guten reiterlichen Könnens*. Das Buch erklärt präzise, wie die Lanze zu halten und abzustützen ist, welches die beste Ausrüstung ist und welche Übungsmethoden für wirksames Tjostieren geeignet sind. Vielleicht noch interessanter ist, was wir über die geistige Stärke erfahren, die nötig war, um im Lanzenstechen erfolgreich zu sein.

Duarte betont die Wichtigkeit, die Lanze im Gleichgewicht zu halten und schlägt unter einer Anzahl von Möglichkeiten, diese zu tragen, vor, dies auf dem Bein zu tun, gestützt durch eine Tasche, die auf dem Sattelbogen oder dem Bein selbst platziert wird. Er fügt hinzu, dass ein Ritter niemals eine Lanze benutzen sollte, die zu schwer für ihn ist. Denn dann wäre sie nicht richtig zu handhaben. Weiter erfahren wir, dass es eine nützliche Technik ist, auf eine Stelle unterhalb des Stoßpunktes zu zielen – die Methode erlaubt dem Ritter, den exakten Punkt zu fokussieren und verhindert den häufigen Fehler, die Lanze im letzten Moment zu weit nach unten zu ziehen.

Darüber hinaus betont König Duarte, dass es wichtig sei, furchtlos zu sein und auf den Turnieranlagen standhafte Hingabe zu bewahren: Viele Teilnehmer würden scheitern, weil sie in die Ferne sehen oder ihre Augen schließen oder die Lanze kaum wahrnehmbar kurz vor dem Aufprall vom Ziel wegziehen würden. Aber es ist wichtig, fügt er hinzu, nicht zu angespannt zu sein, weil dies auch dazu führen könnte, dass der Teilnehmer die Lanze kurz vor dem Ziel wegziehe.

Ein Ritter sollte selbstsicher sein, und es sollte ihm möglich sein, mit offenen Augen in den Zusammenstoß zu reiten. Schließlich fügt Duarte hinzu, dass ein Ritter niemals nach unfairem Vorteil streben sollte – und wenn er wahrnehmen sollte, dass er wesentlich besser ausgerüstet ist als sein Gegner, sollte er seinen Schild absenken, um die Situation auszugleichen. Duarte schreibt dazu: „Ich glaube, du kannst dich nicht als gewandter Lanzenstecher beweisen, wenn du unwillig bist, irgendein Risiko einzugehen."

▼ *Die Rolle eines Knappen im Turnier war von Bedeutung, wie sich in den Turnierregeln widerspiegelt. Zahlreiche Bestimmungen legten fest, wie viele Knappen teilnehmen und welche Waffen sie tragen durften.*

SCHUTZ IN DEN TURNIERANLAGEN

RÜSTUNG UND EQUIPMENT

In den Turnieren des 11. und 12. Jh. und noch im 13. Jh. benutzten Ritter in Schlachten und auf Turnieren dieselbe Rüstung und dasselbe Equipment. Die Bedingungen in der Mêlée ähnelten denen auf dem Schlachtfeld, und man sah keine Notwendigkeit, eine Turnierausrüstung zu entwickeln. Im späten 13. Jh. begannen die Rüstungshersteller, die Könige, Prinzen und führende Ritter belieferten, eine besondere Rüstung und weitere Teile der Schutzbekleidung zu entwickeln, die fürs Lanzenstechen sinnvoll erschienen.

▼ *Auf frühen Turnieren trugen Ritter Kettenhemden, oftmals mit Wappen-Umhang darüber, damit man sie identifizieren konnte. Der große Helm bot guten Schutz.*

FRÜHE RÜSTUNGEN

Auf den ersten Turnieren trugen Ritter ein Ringelpanzerhemd (*Haubert*) und einen Gesichtsschutz aus Ringelgeflecht oder eine Ringelkapuze mit einem kegelförmigen Helm mit Nasenstück, wie es am normannischen Ritter im Bayeux-Wandteppich zu sehen ist. Kettenhemd-Ärmel schützten auch das Handgelenk und die Hand – wobei die Handflächen ausgespart wurden.

Der Komplettheim wurde im 12. oder frühen 13. Jh. eingeführt, man kennt ihn unter der Bezeichnung „großer Helm". Diese Helme hatten eine abgeflachte Spitze und eine zylindrische Form und boten wesentlich besseren Schutz, aber es war schwer, durch die Augenschlitze zu sehen und durch die Löcher in Mundnähe zu atmen.

WAPPEN UND HELMZIER

Ritter begannen, ihre Wappen zur Schau zu stellen, damit jeder gleich sehen konnte, wen er vor sich hatte. Das war wichtig, denn die Zurschaustellung der persönlichen *prouesse* (Heldenmut) war Schlüssel im Turnierkampf. Eines dieser Identifikationsmerkmale war die Helmzier, die den Helm heraldisch machte. Das konnten Federn sein oder ein Wappentier, auch ein symbolisches Merkmal aus Tuch oder Holz. Ein weiteres Zeichen war der Umhang, der über dem Panzerhemd getragen wurde und mit Wappen geschmückt war.

LEINEN- UND LEDERPANZER

Ein Ritter oder Soldat, der einen heftigen Hieb abbekam, konnte, wenn er nur ein Kettenhemd trug, schwere Verletzungen erleiden. Im 13. Jh. begannen Ritter deshalb damit, auf Turnieren gesteppte Leinenpanzer zu tragen. Als sich abgestumpfte Waffen einbürgerten, benötigten sie auf Turnieren keinen Schutz mehr vor Schnitten, sondern einen vor Prellungen. Diese waren ein ernsthaftes Problem: Sir William Longespee trug während eines Lanzenstechens 1256 schwere Prellungen davon und konnte sich nie wieder ganz davon erholen. Prinz Eduard (später König Eduard I. von England) trug auf seinem ersten Turnier bei Blyth 1258 einen gesteppten Leinenpanzer. Im späten 13. Jh. testeten Rüstungsproduzenten andere Materialien, Metallplatten, Horn, Walknochen und Leder. Leder wurde überaus beliebt – es wurde gekocht und in heißes Wachs getränkt, damit es weich genug wurde, um daraus eine Rüstung herzustellen. Das Leder verfestigte sich wieder und war dann hart genug, um den Hieb eines Schwertes oder einer Lanze abzuwehren. Leder war zudem leicht. Aus *cuir bouilli* (gekochtem Leder) hergestellte Rüstungen waren bis ins 15. Jh. beliebt; König Eduard I. von England veranstaltete ein Buhurt-Turnier bei Windsor im Jahre 1258, an dem es den Teilnehmenden lediglich erlaubt war, eine Lederrüstung zu tragen. Ein besonders be-

▲ *Ein Ritter verabschiedet sich von seiner Angebeteten. Er trägt keinen Umhang, hat aber sein Wappen auf dem Pferdeumhang.*

rühmtes Stück war die Kürass, die Brust und Rücken schützte; sie wurde unter dem Umhang getragen.

PLATTENPANZER

Zunächst begann man, die Gliedmaßen durch Metallplatten zu schützen. Mitte des 13. Jh. wurden die Knie durch Platten (*Kniekachel*) geschützt, um 1260 kamen die Ellbogen (*Mäusel*) hinzu. Gegen Ende des 13. Jh. wurden auch die Schienbeine durch Metallplatten geschützt. Zur selben Zeit wurden Handschuhe durch Metallplatten verstärkt. Am Ende des 13. Jh. kamen erste Spangenharnische auf, auch als Plattenrock bekannt. Ein Plattenrock bestand aus mehreren rechteckigen Metallplatten, die an die Innenseite eines Stoff- oder Ledergewandes genietet wurden.

▼ *Turniere dienten zur Demonstration des Reichtums. Der Ritter stellte seinen militärischen Heldenmut zur Schau. Die Helmzier symbolisierte beides.*

SPEZIELLE TURNIERRÜSTUNGEN

Etwa um dieselbe Zeit erfand man Schutzkleidungen, die für Turniere konzipiert wurden. Dazu gehörten der *maindefer* und *poitrine pur justes* – wir wissen nicht genau, was sich dahinter verbirgt, aber wahrscheinlich ein Schutzhandschuh zum Halten der Lanze und eine Brustplatte mit einer Halterung, um die Lanze darauf abzulegen. Im späten 14. bis in die Mitte des 15. Jh. trugen Ritter komplette Plattenpanzer. Zu dieser Zeit wurde der große Helm durch ein kleineres Modell, den „Froschmund-Helm" mit abgerundeter Spitze und einer gebogenen Form ersetzt. Als der Prunk eine bedeutendere Rolle bei Turnieren spielte, brauchten die Ritter ihren Panzer auch, um einen glänzenden Eindruck zu hinterlassen. Heraldische Motive wurden auf Umhängen und Pferdeüberwürfen angebracht, und kunstvolle, nach Aufmerksamkeit schreiende Helmzieren umgaben die Kopfbedeckungen.

► *Für das Lanzenstechen wurden Dienstpferde und Schlachtrösser eingesetzt. Dienstpferde waren auf Wendigkeit und Durchhaltevermögen trainiert, während die Schlachtrösser schwerere, für den Krieg geeignete Tiere waren.*

WAPPEN UND SCHILDE

In frühen Mêlées und späteren Kriegstjosten kämpften Ritter mit den Waffen des zeitgenössischen Kriegswesens: mit Lanzen, Beilen, Keulen und Schwertern. Im Friedenstjost benutzten sie Waffen mit abgestumpften Spitzen. Genauer gesagt wurde ab Mitte des 13. Jh. das spitze Ende einer Lanze durch einen Krönig ersetzt, der wie eine kleine Krone mit drei kurzen Vorsprüngen geformt war. In der Schlacht trugen die Ritter einen dreieckigen Schild, aber in Friedenstjosten benutzten sie einen ovalen *Ecranche-Schild*, dem auf der rechten Seite ein Stück fehlte, um das Zielen mit der Lanze möglich zu machen.

Im 16. und 17. Jh. wurden die Turniere zu Selbstdarstellungen. Ritter benutzen mechanische Apparate, deren Wirkung den Zuschauern in Erinnerung blieb. Darunter befand sich ein mit einer Feder bestückter Schild, der, wurde er von der Lanze des Gegners getroffen, mit Ach und Krach auseinanderfiel. In dieser Zeit trugen etwa König Heinrich VIII. von England und Maximilian I., Kaiser des Heiligen Römischen Reiches, prachtvolle, hochbestückte Tjost-Panzer mit zarter Ziselierung und Riffelung. Diese Panzerart wurde so eng mit dem Kaiser in Verbindung gebracht, dass sie auch später nur noch „Maximilian-Panzer" genannt wurde.

WAFFENBRÜDER

RITTERORDEN UND RITTERTURNIERE

Zu Beginn des 14. Jh. wurden mehrere ritterliche Laien-Bruderschaften gegründet. Sie wurden in Anlehnung an die religiösen Bruderschaften der Tempelritter und der Johanniter geformt, die im Zeitalter des 1. Kreuzzuges (1196–1199) entstanden waren. Diese Laien-Orden verlangten jedoch von ihren Mitgliedern, einen Loyalitätseid auf ihren säkularen Feudalherrn zu leisten, in dem sie bekundeten, dass sie ihm treu sein und im Krieg für ihn kämpfen würden.

▼ Der Kult des heiligen Georg, ein Soldat der römischen Armee, der 303 v. Chr. den Märtyrertod starb, wurde von den Rittern aus dem 1. Kreuzzug popularisiert. Die Geschichte mit dem Drachen wurde umgestaltet. Hinzu kamen ein heiliges, weißes Pferd und eine Lanze.

ORDEN DES HEILIGEN GEORG

Die erste Laien-Bruderschaft war wahrscheinlich der Orden des Heiligen Georg, der1325 in Ungarn von König Karl gegründet wurde – ein brüderliches Bündnis von Rittern, die schworen, das Reich zu verteidigen und den König zu beschützen; zudem dem „Zeitvertreib und seinen ritterlichen Sportarten" nachzueifern, was sich auf Turnierveranstaltungen bezog. Im Gegensatz zu den späteren Orden stand an der Spitze des Ordens nicht der Monarch.

DER ORDEN VOM BAND

1332 rief König Alfons XI. von Kastilien und Leon (Regierungszeit 1312–1350) in Vittoria, Kastilien, die erste Laien-Ritterbruderschaft, den Orden vom Band (oder der Binde) ins Leben. Die Mitglieder des Ordens trugen einen weißen Umhang mit

▲ Ritter bei einer Sitzung des Ordens vom Goldenen Vlies, der im Jahre 1430 von Philip dem Guten, Herzog von Burgund, gegründet wurde. Vorbild war der Hosenbandorden.

einer breiten, zinnoberroten Schärpe, die schräg von der linken Schulter zur Hüfte herabführte. Sie schworen dem König den Treueeid und bildeten in Kriegszeiten zusammen mit der königlichen Armee eine Eliteeinheit. Sie versprachen, ihre Ritterkameraden wie eigene Brüder zu lieben.

Es war die Pflicht eines Ordensmitglieds, an jedem Turnier, das maximal einen Tagesritt entfernt stattfand, teilzunehmen, wenn er vom König dazu aufgefordert wurde. Darüber hinaus wurde von ihnen erwartet, dass jedes Treffen mit einem Turnier gekoppelt war. Nach Chroniken war Alfons ein begeisterter Turnierteilnehmer, überzeugt davon, dass Turniere dafür gut waren, seine Ritter fit und bereit für den Krieg zu halten. Er nahm neue Ritter in den Orden auf, indem er ihnen einen Umhang gab; er überreichte jedem Ritter eine Schärpe, der große Taten im Krieg gegen seine Feinde vollbracht hatte. Auf dem Turnier 1334 in Valladolid kämpfte Alfons inkognito unter den Band-Rittern gegen die Mannschaft der Herausforderer. Der Kampf erhitzte sich so sehr, dass er abgebrochen werden musste, da man befürchtete, dass der König schwer verletzt werden könnte. Den Berichten der Chronisten zufolge musste dieser heftige Hiebe einstecken. Der Kampf wurde auf einen Platz vor der Stadt verlegt, und die Schiedsrichter mussten erneut die Kämpfe unterbrechen, weil diese immer heftiger wurden. Die Mitglieder des Ordens haben, wie wir wissen, 1332 ebenfalls am Pilgerort Santiago de Compostela gekämpft und viele Jahre später auf dem Weihnachtsturnier in Sevilla, das König Heinrich II. von Kastilien und Leon (Regierungszeit 1369–1379) im Jahre 1375 veranstaltete. Nach dem Tode von König Alfons im Jahre 1350 war die Popularität des Ordens gering. Trotzdem sollte er noch weitere 100 Jahre bestehen.

TURNIERGESELLSCHAFTEN

Mitte des 14. Jh. gab es in Deutschland Rittergruppen, die sich in Turniergesellschaften zusammenschlossen. Die Gruppen organisierten Turniere.Etwas Ähnliches rief 1344 in England Heinrich, 3. Earl von Lancaster, ins Leben. Die Ritter in Heinrichs Gesellschaft kamen überein, sich jedes Jahr am Pfingstmontag zum Lanzenstechen in Lincoln zu treffen. Mit königlicher Erlaubnis durften sie selbst in unübersichtlichen Kriegszeiten oder unter einem allgemeinen Bann ihre Turniere veranstalten.

▼ *Frühe Schilde trugen schlichte Designs.*

ORDEN DER HEILIGEN KATHARINA

Der Orden der Heiligen Katharina, der in den 1330er-Jahren in Dauphine in Südostfrankreich gegründet wurde, war eine Laien-Bruderschaft. Seine Mitglieder schworen, dem Feudalherrn von Dauphine zu dienen und verpflichteten sich, sich gegenseitig zu helfen und sich gegenseitig Pferde und Ausrüstung für Turniere zu leihen. Von den Ordensmitgliedern wurde erwartet, alljährlich am Tag der heiligen Katharina an den Feierlichkeiten an der Côte-St.-André teilzunehmen.

DER HOSENBANDORDEN

Der berühmteste aller Laien-Orden ist der „Hochedle Orden vom Hosenbande", der am 23. April 1348 in der Windsor-Burg von König Eduard III. von England gegründet wurde. Er bestand aus dem König selbst, seinem Sohn Eduard, dem Schwarzen Prinzen, und jeweils zwölf Gefährten.

Vier Jahre zuvor hatte Eduard während eines in Windsor veranstalteten Turniers geschworen, eine neue Ordensart der Artus-Ritter, den Orden der Tafelrunde, zu gründen. Anfangs war dieser für 300 Ritter gedacht, aber Eduard hatte dann die anfänglichen Pläne korrigiert (wahrscheinlich ließ er sich vom Orden vom Bande beeinflussen) und den Hochedlen Orden vom Hosenbande gegründet. Unmittelbar nach der Gründung ließen die 26 Mitglieder ein Kollegium für zwölf Kanoniker und ein Armenhaus für verarmte Ritter bei Windsor errichten.

▲ *Die Abzeichen von König Eduard III., Richard II. und Heinrich IV. stammen aus dem „Garter-Buch", eine heraldische Abhandlung des späten 15. Jh. von Writh.*

Die Gelöbnisse des Ordens verlangten, dass Ritter nie auf der Gegenseite kämpften, niemals England ohne die Erlaubnis des Königs verließen und in der Öffentlichkeit nicht ohne das Wappen des Ordens gesehen werden durften – welches ein dunkelblaues Strumpfband war. Die Gründungsritter waren regelmäßige Teilnehmer an Eduards Turnieren – und die meisten haben auch in der Schlacht von Crécy 1346 gekämpft.

DER ORDEN DES STERNS

Dieser französische Orden wurde 1352 von 500 Rittern gebildet. Er wurde der Jungfrau Maria gewidmet, und sein Motto war *Monstrat regibus astra viam* („Könige finden ihren Weg mittels der Sterne"). Seine festgesetzten Ziele waren es, das Rittertum zu fördern und dessen Ehre zu mehren.

RITTER VON HOHEM ANSEHEN

DER EINSATZ DER HERALDIK

Mit Beginn des 11. Jh. wurden Turniere immer exklusiver. Die Heraldik bzw. die Praxis, Familienwappen zu schaffen und diese nach außen hin zu präsentieren, entwickelte sich parallel zur weiteren Ausprägung der Turniere.

RITTERLICHES ERBE

Die frühen Turniere sind wohl für jedermann, der eine Schutzkleidung aus einem Kettenhemd besaß, zugänglich gewesen. Praktisch waren sie damit auf Ritter und Knappen beschränkt, und die allgemeine Regel, dass nur Ritter sich an ihnen beteiligen durften, wurde später offiziell. Dies galt in England, Frankreich und Spanien; anderswo wurde das Ganze lockerer gehandhabt – in den baltischen Städten, in den Niederlanden und in den Städten Süddeutschlands konnten sich ganz normale Bürger im Lanzenstechen üben.

Seit dem 14. Jh. waren Turniere in Spanien, Frankreich und England nur noch für Ritter zugänglich, die ihre ritterliche Herkunft bis auf ihre Großeltern zurückführen konnten. In Deutschland begann man, exklusivere Turniere zu veranstalten: Um 1480 durften nur noch die mitmachen, deren Vorfahren seit drei Generationen (bis zu den Urgroßvätern zurück) auf Turnieren gekämpft hatten. Dies spiegelt den sozialen Wandel im 14. und 15. Jh. wider, in dem der Status eng mit der Abstammung verknüpft war.

GESELLSCHAFTLICHE SCHANDE

Mit Hilfe bestimmter Verfahren war es möglich, Ritter vom Turnierkampf auszuschließen, die sich etwas hatten zu Schulde kommen lassen – etwa Ehebrecher, Eidbrecher oder Raubritter. Ausschlüsse betrafen diejenigen, die aus sozialen Gründen als unwürdig erachtet wurden, die außerhalb des Adels geheiratet hatten, uneheliche Söhne, Händler und Geldverleiher.

Auf Turnieren wurden Ritter, die wegen eines dieser Vergehen schuldig gesprochen wurden, geschlagen, ihre Pferde wurden konfisziert und sie auf ihren Sätteln auf die Beschrankung der Turnieranlage gesetzt. Dort mussten sie während der gesamten Veranstaltung sitzen bleiben. Die gleiche Bestrafung wurde einem Ritter, der falsche Beschuldigungen gegen einen anderen erhoben hatte, zuteil. Auf einigen exklusiven deutschen Turnieren konnte ein Ritter schon ausgeschlossen werden, wenn er den Ahnennachweis nicht vorlegen konnte.

▲ *Die Schilde stammen von der Carlisle-Rolle, ein heraldisches Dokument, das 277 Ritter verzeichnet, die 1335 auf dem Feldzug König Eduards III. gegen Schottland waren.*

WAPPENKUNDE UND ABSTAMMUNGSNACHWEIS

Die Wappenkunde bzw. Heraldik entwickelte sich aus der Notwendigkeit heraus, in der Schlacht oder in den Turnieranlagen identifizierbar zu sein. Das Abzeichen oder Wappen prangte anfangs auf Mantel oder Umhang, der über die Rüstung gezogen wurde. Die ersten Wappen des 13. Jh. waren einfache Streifen oder Kreuze. Spätere enthielten sie Löwen, Vögel, Wildschweine, Hirsche und Drachen; auch Blumen wie Lilien und Rosen waren beliebt. Mit der Zeit fügten die Ritter den Wappen Symbole für Waffen oder ritterliche Ausrüstung wie Schwerter, Sporne und Hufeisen hinzu. Auf Turnieren trugen die Ritter in der Regel ihre Wappen auf ihrem Schild sowie auf ihrem Umhang und der Pferdebekleidung.

▼ *Die heraldische Schild- und Wappenrolle wurde etwa 1270–1280 erstellt.*

Die ersten Wappen waren noch individuell, doch mit zunehmender Betonung der Abstammung wurden sie wie ein Erbe behandelt. Da sich dieser Prozess über Generationen fortsetzte und Familien untereinander Ehen schlossen, wurden Wappen miteinander kombiniert. Dies nennt man Vermehrung. Sie wurde auch nötig, wenn ein Ritter sich neuen Besitz aneignete oder eine Ehre empfing. Bei der Vierteilung eines Wappens wurde der Schild in vier Teile geteilt, um unterschiedliche Wappen miteinander zu kombinieren.

DIE ROLLE DER HEROLDE

Herolde begannen als öffentliche Sprecher, die Daten und Termine von Turnieren verkündeten, später erwartete man von ihnen, dass sie Veranstaltungen als Kommentatoren begleiteten. Erreichten Ritter die Turnieranlagen, mussten Herolde dies verkünden. Um diese Aufgabe erfüllen zu können, mussten sie mit den Abzeichen und Wappen der Teilnehmer vertraut sein. Da Wappen nach und nach komplizierter und mehr und mehr zu einem Zeichen der ritterlichen Abstammung wurden, wurden aus den Herolden langsam aber sicher Experten in Sachen Familiengeschichte. Sie waren es auch, die sich mit technischen Einzelheiten auskannten. Herolde mussten eine gute Erziehung genossen haben, sich Wissen über die Wappen historischer Ritter aneignen und den Symbolismus von Farbe, Pflanzen und Tieren, die in der Heraldik eine Rolle spielten, verstehen.

▲ *Ein Herold in all seiner heraldischen Pracht während der Ankündigung eines Turniers im 14. Jh.*

Die ersten Herolde zogen umher und suchten Arbeit auf Turnieren, doch schon bald gehörten sie zum Gefolge der Feudalherren und trugen deren Gewänder, wenn sie Turniere ankündigten. Sie waren nicht nur Experten, was Wappen anbetrifft, auch mit Waffen kannten sie sich bestens aus.

In Feldschlachten waren sie dafür zuständig, den Armeen beider Seiten sicheres Geleit zu bieten. Teil ihrer Aufgabe war es, Buch darüber zu führen, welche Knappen vor und nach der Schlacht zum Ritter geschlagen wurden. Eine andere Rolle nahmen sie in der höfischen Liebe ein: sie übermittelten Liebesbotschaften.

KÖNIGLICHE WAPPEN

König Richard I. war der erste englische Monarch, der ein Wappen besaß: Es bestand aus zwei Löwen *rampant* (auf den Hinterbeinen); 1195 kam ein dritter Löwen dazu. Schließlich entschied er sich für drei goldene Löwen auf rotem Hintergrund *passant* (horizontal, schreitend). Es sollte das königliche Wappen Englands werden.

HERALDISCHE DISPUTE

Im 14. Jh. gab es immer mehr heraldische Abhandlungen, meist von den Herolden verfasst. Sie waren daran beteiligt, Wappen und deren Einsatz zu regulieren. Ein Ritter konnte sich nicht einfach das Wappen eines anderen aneignen oder Elemente daraus für die Gestaltung eines eigenen Wappens verwenden. In England traten im 14. Jh. Bestimmungen in Kraft, die verhindern sollten, dass ein Ritter ein Wappen übernahm, das dem König zustand oder einem hochrangigen Herold. Streitigkeiten wurden am *Court of Chivalry* (Hoher Gerichtshof der Ritterschaft) geklärt, der ebenfalls im 14. Jh. ins Leben gerufen wurde.

▼ *Ein Manuskript aus dem 15. Jh. mit Bildern heraldischer Abzeichen.*

KAPITEL 6

NIEDERGANG DES RITTERTUMS

In der Schlacht von Crécy 1346 wurde erstmals eine Waffe benutzt, die das Zeug hatte, die Macht des Ritters zu untergraben: die Artilleriekanone. Als die Franzosen vorrückten, entfesselten ihre Armbrustschützen aus Genua einen Angriff auf die Engländer, diese wiederum schlugen mit ihren Langbogenschützen und einer Feuersalve aus ihrer Kanone zurück. Die Armbrustschützen flohen, doch die Franzosen rückten weiter vor. Der italienische Chronist Giovanni Villani berichtet, dass am Ende „das ganze Gelände mit Männern übersät war, die durch Pfeile und Kanonenkugeln zu Boden gegangen waren". Die sozialen, politischen und militärischen Veränderungen, die letztendlich den Niedergang des Rittertums einläuteten, können bis zu dieser Schlacht zurückverfolgt werden. Sie waren andere als in der Zeit, als das Rittertum sich entwickeln konnte. Das Feudalsystem war zerfressen, und Kriege wurden zu fernen Feldschlachten, wofür Könige Armeen benötigten. In den Armeen wurden Ritter selten, und wenn einer dabei war, kämpfte er gegen Geld. Der Aufstieg des Bogenschützen, der Einsatz der Infanterie und der Auftritt der Artillerie machten den Ritter überflüssig. Gleichzeitig machte sich in den Ritter-Bruderschaften Ernüchterung breit, nachdem sich die Kreuzzüge als Misserfolg herausgestellt hatten. Ritter sammelten sich mehr und mehr in säkularen Bruderschaften, die eher einem weltlichen denn einem himmlischen Herrscher zugetan waren. Diese Veränderungen gingen in den nächsten 250 Jahren vonstatten, und das Ergebnis war, dass die Ritter des 17. Jh. so etwas wie ein Anachronismus waren.

▲ *In einer Szene aus dem 14. Jh. sind die ersten Kanonen zu sehen.*

◀ *Die Kanone in der Schlacht von Crécy steht für einen Wechsel in der Kriegsführung.*

DAS GESICHT DES KRIEGES WANDELT SICH

DER AUFSTIEG VON INFANTERIE UND LANGBOGEN

Änderungen in der Militärtaktik ließen Ritter, die in eine Schlacht zogen, unwichtiger werden. Der zunehmende Einsatz disziplinierter Infanterielinien und die Effektivität von Bogenschützen gegen eine Kavallerie führten dazu, dass Ritter nicht länger die „Meister" auf dem Feld waren. Ihre traditionelle Rolle hatte sich überlebt.

▲ *Armbrustschützen mit ihren Waffen während der Belagerung der Wartburg in Deutschland im frühen 14. Jh.*

BOGENSCHÜTZEN KONTRA RITTER

Einst verkündeten englische Historiker stolz, dass die Siege ihres Landes im Hundertjährigen Krieg auf der heldenhaften Leistung der Freisassen-Bogenschützen beruht hätten. Diese traditionelle Sicht wird heute als veraltet und voreingenommen bewertet. Die moderne Sichtweise geht davon aus, dass die Pfeile der Langbogenschützen für eine Schlacht nicht entscheidend waren und akzeptiert dennoch, dass diese eine entscheidende Rolle spielten. Die Bogenschützen stumpften die Kraft der feindlichen Ritter, die von den Linien der Infanterie zum Rückzug gezwungen wurden, ab. Diese Infanterielinien hatten die entscheidende Rolle inne. Zu ihnen gehörten Ritter, die absaßen, um zu Fuß zu kämpfen.

▼ *Die Schlacht von Agincourt begann mit dem Austausch von Pfeilen und Armbrustbolzen, dann griff die französische Kavallerie an. Unter den Pfeilen der englischen Bogenschützen wurden die französischen Ritter zu ihren Fußsoldaten zurückgedrängt.*

DIE MACHT DER LANGBÖGEN

Weshalb Langbogenschützen eine so wichtige Rolle spielten, liegt klar auf der Hand. Die von englischen Schützen 1346 in der Schlacht von Crécy abgefeuerten Pfeile oder die in Agincourt 1415 konnten Ritter aus ihren Sätteln werfen und die Flanke eines Pferdes aufreißen. Die Tiere brachen zusammen und warfen den Reiter ab. Die Bogenschützen verwendeten 1,5 bis 1,8 m lange Eibenpfeile, die mit Hanf umwickelt waren. Normale Pfeile waren aus Espenholz mit konventioneller Spitze, und es gab nur 83 cm lange Eschen-Eichen-Pfeile, die durch die Rüstung eines Ritters drangen – diese hatten eine schmale „Haarnadel-Spitze". Pfeile mit 5 cm breiten Widerhaken-Köpfen schließlich sollten sich in feindliche Pferdekörper graben.

Die hohe Effektivität der Bogenschützen beruhte auf deren Möglichkeit, 15 Pfeile in der Minute abzuschießen, alle vier Sekunden einen: eine einzigartige Pfeilsalve. Sie nutzten eine hohe Geschossbahn, um die Pfeile wie in einem heftigen Sturm auf den Feind herabregnen lassen zu können. Sie trieben auch scharfe, angeschrägte Pfähle in den Boden, die auf den Feind wiesen, und standen, während sie feuerten, zwi-

▲ *Berittene und unberittene Armbrustschützen besetzten – oft mit Speerwerfern und Bogenschützen gemischt – eine zentrale Position in der Schlachtformation.*

schen ihnen. Wenn die feindlichen Kavallerie auf sie stieß, zogen sie unter Feuern ab und die feindlichen Pferde mitsamt Reitern spießten sich auf den Pfählen auf.

ENTWICKLUNG DER ARMBRUST

In den Armeen des Mittelalters verwendeten Bogenschützen sowohl Armbrust als auch Langbogen. Die Armbrust hatte eine größere Reichweite und einen durchdringenderen Effekt gegen die Rüstung. Diese Waffen waren in Europa schon seit dem 10./11. Jh. gang und gäbe, die Armbrust wurde häufig in Belagerungen eingesetzt, meist von Söldnern aus Genua (Norditalien) oder der Gascogne (Südfrankreich).

Die ersten Armbrüste wurden hauptsächlich aus Eibenholz und Horn hergestellt; sie feuerten etwa 30 cm lange Pfeile oder Bolzen mit einer Stahlkopfspitze ab. Diese flogen etwa 275 m weit, waren aber nur schwer zu laden: Doch als die Waffen nach und nach besser wurden, waren sie meist mit einer Ladewinde ausgestattet, um den Bogen zu biegen. Armbrustbolzen waren effektiv gegen Kettenhemden – das war der Schlüssel dafür, dass man begann, sich besser schützende Rüstungen zu überlegen.

Im 15. Jh. wurden noch kräftigere Stahl-Armbrüste mit einer Reichweite von bis zu 450 m entwickelt. Sie hatten einen Bolzen mit quadratischem Kopf, stark genug, um jeden Plattenpanzer zu durchdringen.

KONSERVATIVE RITTER

Mit Änderungen in der Militärtechnologie konnten die Ritter nicht gut umgehen. Ihr Stand war konservativ eingestellt – und als die abgesessenen Ritter zu Fuß mit der Infanterie kämpften, zog kein Mitglied des Ritterstandes in Erwägung, Bogenschütze zu werden. Bogen galten als Waffen der niedrigeren Klassen: Armbrüste waren anfangs die Waffen italienischer Söldner, während es sich bei den Bogenschützen, die für die englische Armee Siege davontrugen, um Bauern handelte. Des Weiteren betrachtete man den Bogen als eine unritterliche Waffe, weil er den Kampf aus einer sicheren Distanz erlaubte, statt einen Kampf von Angesicht zu Angesicht zu fördern. Ritter betrachteten die Verwendung von Bögen als Zeichen von Feigheit. In den *Chansons de geste* aus dem frühen 12. Jh. über den Prinzipal Burgunds Girart de Roussillon heißt es: „Mögen Flüche auf den ersten Mann, der als Bogenschütze kämpft, herabgehen, denn vor lauter Furcht wird er sich nicht in ein Gefecht wagen."

BERGAB MIT DEM RITTERTUM

Militärische Veränderungen fegten die Ritter nicht mit einem Schlag von der Bildfläche. Sowohl Langbogen- als auch Armbrustschützen waren für Ritter ein lang andauerndes Problem, das bis zu den ersten Jahren des Rittertums zurückreicht. 1139 ließ Papst Innozenz II. verlauten: „Die tödliche Kunst von Langbogen- und Armbrustschützen, die Gott verabscheut, muss nicht gegen christliche Ritter eingesetzt werden und wird gebannt". Die Wirkung der Bogenschützen zeigte sich in den Feldzügen König Eduards I. in Wales im späten 13. Jh., aber noch lange danach spielten Ritter im Kampf eine wichtige Rolle. Militärische Veränderungen, Taktiken der Kriegsführung und der Verlust der Bedeutung von Rittern vollzogen sich über Jahrhunderte. Es ist falsch, diese militärischen Entwicklungen von den dazu parallel stattfindenden sozialen, politischen und kulturellen Änderungen zu trennen. Auch sie trugen massiv zum Niedergang des Rittertums bei.

► *Das Duellieren mit Streitäxten auf Turnieren brachte Rittern die nötige Praxis für den Fußkampf.*

GESCHÜTZE UND MUSKETEN

ERSTE KANONEN IN DER SCHLACHT

Die Einführung der Kanone war das Schlüsselereignis, das die Bedeutung der Ritter in Schlachten verringerte. Frühe Kanonen waren kompliziert zu handhaben und gefährlich für den Schützen. Oft feuerten sie ungenau, doch sie waren selbst für Ritter in voller Plattenrüstung tödlich. Ihr Einsatz verschob die Machtverhältnisse auf dem Schlachtfeld: Ritter verloren an Stärke und die Kavallerie an Offensivkraft.

▲ *Durch das Feuern entstand ein starker Rückstoß, der am Geschütz und durch die Holzstütze vom Erdboden absorbiert wurde.*

ERSTE KANONEN

Schießpulver wurde wohl in China erfunden, auch wenn einige Gelehrte behaupten, dass die Araber oder sogar die Menschen des alten Indiens die wahren Erfinder gewesen wären. Eine der ersten Kanonen von 1304 stammt auf jeden Fall von der Arabern: ein mit Eisen verstärktes Bambusrohr, das einen Pfeil mit Hilfe von Schießpulver, sogenanntes Schwarzpulver, abfeuerte. Mitte des 13. Jh. kam das Schießpulver nach Europa. Der englische franziskanische Philosoph Roger Bacon (1214–1294) beschrieb seine militärischen Einsatzmöglichkeiten – doch bis ins 14. Jh. hinein spielte das Schießpulver eine eher untergeordnete Rolle.

ERSTE KANONENEINSÄTZE

Kanonen waren Geschütze auf Rädern, die Eisenkugeln oder Steine abfeuerten. Die früheste Erwähnung ihrer Herstellung datiert aus dem Jahr 1326; damals bestellte die Stadt Florenz zwei Kanonen für ihre Verteidigung. Erstmals eingesetzt wurden sie 1346 in der Schlacht von Crécy.

Es gab eine große Bandbreite schwerer Geschütze und die unterschiedlichsten Namen dafür, u. a. *Veuglaire*, *Vasili*, *Sclopi*, *Pot-de-fer*, *Crapaudine* und *Serpentinen*. Besonders schwere Geschütze, *Bombard-Kanonen* genannt, wurden 1380 entwickelt. Wie die meisten frühen Geschütze waren sie nicht sehr wirkungsvoll. Ein späteres Beispiel der *Bombards* war das Riesengeschütz *Mons Meg*, das für den schottischen König Jakob II. 1449 angefertigt wurde. Es konnte 180 kg schwere Steinkugeln abschießen und war eines der größten Bombards, die jemals hergestellt wurden.

Da derartig schwere Geschütze nur sehr schwer zu bewegen war, wurden sie meist in Belagerungen angewendet. Hier hatten sie verheerende Auswirkungen – auf Mauern und auf Menschen. Gegen Ende des Hun-dertjährigen Krieges (1337–1453) kamen sie verstärkt in Gebrauch. Ein Opfer war Jacques de Lalaing, ein Ritter im Dienste des Herzogs von Burgund aus Wallonien, Belgien, der bei der Belagerung von Poucques 1453 sein Leben verlor, als er versuchte, eine Revolte der Genter zu unterdrücken. De Lalaings Heldentaten wurden von dem bekannten Chronisten Burgunds und Herold Lean le Fevre aufgeschrieben.

▼ *John of Gaunt, Herzog von Lancaster, nutzte Kanonen bei einem Angriff auf die französische Stadt Brest im Jahr 1373.*

▲ *Die ersten Handkanonen waren schwer zu laden, zu zünden und zu kontrollieren. Die Geschützführer waren leicht anzugreifen.*

KANONEN IN ISLAMISCHEN ARMEEN

Bereits die Mauren in Spanien verwendeten für die Verteidigung der belagerten Städte Sevilla (1248) und Niebia (1262) Kanonen. Maurische Artillerie-Experten dienten Mitte des 14. Jh. in den Armeen der Könige Spaniens. Bei der Belagerung Algeciras 1342 setzten maurische Verteidiger gegen die christlichen Belagerer erfolgreich Kanonen ein. Die Grafen von Derby und Salisbury nahmen an dieser Belagerung teil und haben in England den Kanonen zur Popularität verholfen.

Die ottomanischen Türken standen auf der Empfangsseite des Kanonenfeuers, als sie 1396 in der Belagerung Konstantinopels von byzantinischen Geschützen abgewehrt wurden. In ihrer Eroberung Konstantinopels im Jahr 1453 revanchierten sie sich mit 68 ungarischen Kanonen, u. a. 13 riesige Geschütze, die mit mehr als 90 cm langen und 320 kg schweren Projektilen ausgestattet waren.

HANDFEUERWAFFEN

Erste Handkanonen wurden im 13. Jh. entwickelt. Die sogenannten *Gonnes* wurden in islamischen Armeen eingesetzt, die ca. 1260 gegen die Mongolen kämpften. In Europa tauchten sie 1281 auf, als italienische *Scopettieri* (Geschützträger) Seite an Seite mit Armbrustschützen kämpften. Frühe Handkanonen des 13. und 14. Jh. sahen aus wie kleine Kanonen, die an Holzstangen befestigt waren. Der Grenadier hielt den Lauf unter seinem Arm und entzündete das Pulver – und hoffte dabei, dass das Ding nicht in seinem Gesicht explodierte. Frühe Handwaffen waren umständlich zu laden und es war schwer zu zielen. Landete ein Kanonier einen Treffer, konnte er auf einen Schlag mehrere Ritter töten.

Zielgenauere Handkanonen, die *Arkebuse* oder Hakenbüchse wurden im 15. und 16. Jh. entwickelt. Sie verwendeten runde Kugeln als Geschosse; aus kurzer Entfernung konnten diese einen Ritter in Plattenrüstung töten, aus weiterer Distanz zumindest seine Rüstung zerstören. Dem Arkebus folgte im späten 16. Jh. die Luntenschloss-Muskete. Dieses Geschütz war rund 2 m lang und konnte 4,5 kg abfeuern, aber bei feuchtem Wetter war es unbrauchbar. Im Verlauf des 17. Jh. wurde die Muskete die wichtigste Waffenart für Infanteristen.

AUFSTIEG DER GESCHÜTZE

Ritter verachteten Kanoniere wie Bogenschützen, und in den frühen Tagen dieser Waffengattungen beschimpfte die Kirche sie als Teufelszeug. Was die Praxis anbetraf, so hatten Geschütze Nachteile. Sie waren langsam zu laden, nicht zielgenau, die größeren waren schwer zu transportieren und zu handhaben und, was am Schlimmsten war, bei schlechtem Wetter waren sie eigentlich nicht zu gebrauchen. Zu ihren Vorteilen gehörte, dass ihre Geschosse wesentlich effektiver waren als Pfeile, die man gegen einen Plattenpanzer schoss. Hinzu kommt, dass die Geschütze relativ günstig zu produzieren waren und in hoher Zahl eingesetzt werden konnten. Truppen mit nur wenig Praxis konnten sie befeuern. Ganz anders war das mit dem Langbogen. Um richtig damit umgehen zu können, benötigten die Schützen, die Mitglieder einer Elitetruppe waren, eine entsprechende Ausbildung und hartes Training.

NEUE VERTEIDIGUNGSTECHNIKEN

Der Einsatz von Kanonen in Schlachten und bei Belagerungen führte zur Entwicklung neuer Befestigungsarten, die dem Bombardement von Kanonenkugeln besser standhalten konnten. Traditionelle mittelalterliche, ringförmige oder quadratische Befestigungen mit perpendikulären Steinmauern waren durch Kanonen leicht zu beschädigen. Mitte der 1400er-Jahre wurde in Italien eine neue Festigungsbauart entwickelt, die sogenannte *trace italienne*, eine Festigungsanlage mit einem sternförmigen Grundriss: eine tiefliegende Befestigung, die aus Ziegeln und Erde hergestellt wurde, weil dieses Materialien nicht wie Stein vom Kugelhagel zerschmettert werden konnten. Sie besaß eine Sternform, und gab den Verteidigern die Möglichkeit, aus unterschiedlichen Positionen zu feuern.

Die erste Befestigung à la *trace italienne* wurde vom Florenzer Architekt Antonio di Pietro Averlino (1400–1469), auch bekannt als *Filarete*, in seinem *Trattaio di architettura* (Abhandlung über die Architektur) aus dem Jahr 1465 konzipiert. Der bedeutende Renaissance-Mann Michelangelo war es, der die Theorie in Praxis goss, als er für Florenz seine ersten Erdbefestigungen gestaltete.

▼ *Die erste Kanone musste von Hand in Position gebracht werden; die erste auf Rädern wurde in den 1400er-Jahren entwickelt.*

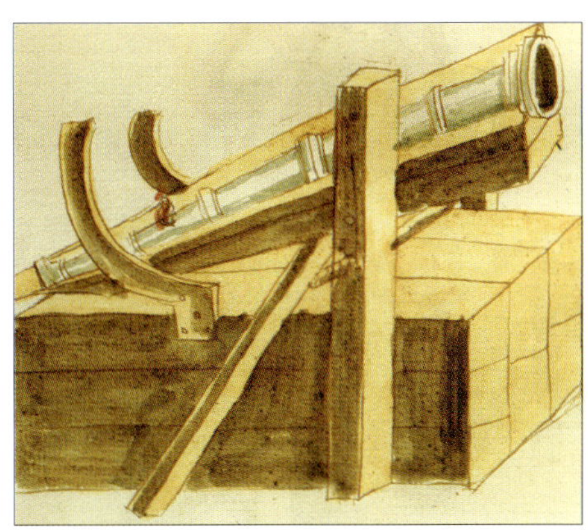

FRÜHES SÖLDNERTUM

DER AUFSTIEG DER BERUFSSOLDATEN

Die militärische Rolle der Ritter wurde durch den Einsatz professioneller Soldaten in Armeen untergraben. Ende des 13. Jh. begannen die Herrscher Europas damit, Landbesitzer, die von ihrer Abstammung und ihrem Vermögen her berechtigt waren, Ritter zu werden, zum Rittertum zu zwingen. Dies war eine aufsehenerregende Änderung gegenüber der Situation der vorangegangenen 200 Jahre, als die Aufnahme in den Ritterstand für viele das Nonplusultra in ihrem Leben war.

In England beispielsweise wurden 1292 Ehrenmänner mit einem Einkommen über 40 Pfund im Jahr oder mehr aufgefordert, das Rittertum und die damit verbundenen Pflichten zu akzeptieren. Ein wesentlicher Grund für diese Vorgehensweise lag darin, dass die Kosten für die Ausstattung eines Ritters ins Unermessliche gestiegen waren. Viele waren nicht bereit, das zu bezahlen. Schwerere Rüstung erforderte kräftigere Pferde, die auch ernährt werden wollten: Auch diese waren also kostenintensiv, und ein Ritter musste mehrere Pferde mit auf einen Feldzug nehmen, denn das Pferd war, wie bereits erwähnt, ein Lieblingsziel der Bogenschützen und wurde wie sein Reiter oft auf dem Schlachtfeld getötet.

SÖLDNERTRUPPEN

Bezahlte Soldaten und Söldner, die in der Armee dienten, kennen wir aus der Geschichte. Söldner waren qualifizierte Profis, die bei denjenigen anheuerten, die am meisten zu zahlen bereit waren – etwa die Bogenschützen aus Genua, die im frühen 11. Jh. so ihr Leben bestritten. Seit der Zeit König Heinrichs I. von England gab es in den feudalen Armeen bezahlte Soldaten. Könige akzeptierten die Rittersteuer an Stelle von feudalem Militärdienst und finanzierten damit die Soldaten.

Der älteste überlieferte Militärkontrakt in England stammt aus dem Jahr 1213: Der Feudalherr Robert von Berkeley stimmte darin zu, in Begleitung von zehn Rittern Militärdienst anzubieten, um einen Schuldtitel König Johanns zu begleichen. In der Armee König Philips IV. von Frankreich gab es viele bezahlte Soldaten, Reiter und Gendarme (vom französischen Wort *gens d'armes*, was Männer an Waffen bedeutet).

Der Hundertjährige Krieg (1337–1453) sah auf beiden Seiten sehr viele bezahlte Soldaten. Meist gehörten sie zur Infanterie oder waren als Bogenschützen tätig. König Karl VII. von Frankreich hatte 1500 bezahlte Reiter in seiner Armee. In dieser Zeit genossen die Schweizer Söldnergrenadiere einen guten Ruf, vor allem weil sie sehr diszipliniert waren und effektiv mit Hellebarden (lange Speere mit axtartigen Enden) kämpften. Damit konnten sie einen Ritter vom Pferd befördern. Diese Männer konnte man anheuern; ihre Uniformen und ihr Marschieren nach Militärmusik waren beeindruckend. Unter dem Einfluss der Schweiz wurden in Frankreich in den 1450er-Jahren die ersten staatlichen Regimenter gebildet. Dies war Teil einer allgemeinen Bewegung im 15. Jh. hin zu professionellen, stehenden Heeren.

CONDOTTIERI

Ebenfalls in diese Zeit gehören die Glanztage italienischer Söldnerbanden von Rittern, die von konkurrierenden italienischen Stadtstaaten angeheuert wurden. Die Führer dieser Söldnerbanden nannte man *condottieri* – nach dem italienischen Wort *condotta* für „Kontrakt", über den sie sich

▼ *Condottiere Guidoricchio da Fogliano war 1328 Befehlshaber der italienischen Söldnerarmee Sienas; in diesem prächtigen Fresko, das von Simone Martini stammen soll, wird er gewürdigt.*

SIR JOHN HAWKWOOD

Der führende *condottiere* Sir John Hawkwood stammte aus einfachem Hause; er war Sohn eines Gerbers in Essex. Berühmt wurde er durch seinen Einsatz in der Armee des Königs Eduard III. von England während des Hundertjährigen Krieges. Für seine Leistungen auf dem Schlachtfeld wurde er von Eduard zum Ritter geschlagen. Während einer Unterbrechung der englisch-französischen Feindschaft 1363 gesellte er sich zur Weißen Kompanie der italienischen *condottieri* in Pisa und wurde ihr Anführer. Seine Ritter stattete er mit einer leichteren Rüstung aus, um seine Truppen mobil zu halten. Für seinen Auftraggeber Perugia kämpfte er gegen päpstliche Truppen; und nach wenigen Jahren kämpfte er für den Papst gegen Florenz. Er wurde unermesslich reich, mit großen Besitztümern unweit Florenz. Seinen Auftraggebern soll er gedroht haben, um mehr Geld aus ihnen herauszuquetschen. Er starb 1394 in Florenz.

◀ *Sir John Hawkwood war in Italien als „Giovanni Acuto" ein Begriff. Er heiratete 1377 Donnina, uneheliche Tochter seines Auftraggebers, des Herzogs von Mailand.*

mit einer Stadt oder einem Edelmann verbündeten. Die Banden bestanden vor allem aus Rittern mit traditionellen Waffen. Die *condottieri* waren berühmt für ihre Unritterlichkeit: sie verhandelten hart, trieben Preise so hoch wie es nur ging und waren nicht abgeneigt, die Seiten zu wechseln, wenn man ihnen mehr Geld bot – und das selbst mitten im Schlachtgetümmel.

Die ersten Söldnerbanden kamen jedoch nicht aus Italien. Die Ritter der 1303 gegründeten Katalanischen Kompanie stand ursprünglich im Dienste König Peters III. von Aragaon, die Große Kompanie von ca. 1350 bestand hauptsächlich aus Ungarn und Deutschen. Der englische Ritter Sir John Hawkwood (siehe Kasten) führte in der zweiten Hälfte des 14. Jh. die Weiße Kompanie in die Kriege Norditaliens.

▶ *Erasmo von Narni war führender italienischer Söldnerritter im späten 14. Jh. Sein Ruf war so groß, dass man die Rüstung, in der er kämpfte, für die Nachwelt erhielt. Donatello machte ihn in Stein unsterblich.*

Im 15. Jh. setzten sich die *condottieri* hauptsächlich aus Italienern zusammen, oft Edelmänner, die in harten Zeiten abgestürzt waren. Ritter in solchen Banden konnten in relativ kurzer Zeit sehr viel Geld verdienen. Zum Ende des Jahrhunderts wurden die *condottiri*-Banden meist von der schweren Artillerie der Armee König Karl VIII. von Frankreich überwältigt. Der König überfiel Norditalien, um seinen Ruf als König von Neapel zu unterstreichen.

Der wohl berühmteste *condottiere* war Erasmo di Narni, besser unter seinem Spitznamen *Gattamelata* (Honigäugige Katze) bekannt. Er diente Florenz, Venedig und dem Papsttum und wurde wahrscheinlich 1457 Diktator von Padua. Sein Ruhm war so groß, dass von Donatello in den Jahren 1445–1450 eine Reiterstatue von ihm angefertigt wurde, die erste Statue dieser Art seit den Römern.

Ein anderer, gefeierter *condotierre* des 16. Jh. war Giovanni delle Bande Nere (*Giovanni von der Schwarzen Bande*), der eine Kompanie gut ausgebildeter italienischer Söldner während der Italienkriege anführte. Anfangs kämpfte er für Papst Leo X. (1516–1521), bevor er 1522 die Seiten wechselte und sich den Truppen von Franz I. von Frankreich anschloss. Danach diente er kurz Karl V., Kaiser des Heiligen Römischen Reiches, bevor er wieder in Frankreich in Dienst ging. Giovanni kämpfte in der Armee Franz I., als er in der Schlacht von Pavia 1526 ernsthaft verwundet wurde. Er starb 1526 an seinen Verletzungen. Sein Name rührt womöglich von den schwarzen Trauerbändern auf seinem Banner nach dem Tod Papst Leo X. im Jahre 1521.

DAS ENDE EINES ZEITALTERS

DIE LETZTEN TAGE DES RITTERSTANDES

▲ *Richard II. von England, der mit zehn Jahren König wurde, war bekannt für seine Arroganz und seine Willkürherrschaft, die Verschwörung und Lagerbildung am Hof förderte.*

Im 15. und 16. Jh. unterlagen sowohl Feudalsystem als auch Rittertum tiefgreifenden Änderungen. Das Zeitalter der Ritter ging seinem Ende entgegen.

NIEDERGANG DES FEUDALSYSTEMS

Der Aufstieg der Städte im späten Mittelalter unterhöhlte die Bindung zwischen einem Feudalherrn und seinen gebundenen Vasallen. Stattdessen gab es jetzt eine zwischen dem König und seinen Untergebenen oder zwischen einer gewählten, repräsentativen Körperschaft und ihren Bürgern. Aufgrund der zunehmenden Bedeutung der Kaufleute und des Handels wurde Geld wichtiger als Land.

Militärische Veränderungen spielten, wie wir gesehen haben, beim Niedergang des Feudalismus eine Rolle. Der berittene Krieger verlor seinen Status auf dem Schlachtfeld. Die Burg verlor mit dem Aufkommen von effektiveren Belagerungen ihren Anstrich von Unbezwingbarkeit. Militärarchitekten bauten statt der traditionellen Verteidigungsanlagen tiefgelegene Befestigungen aus Erde und Ziegeln, z. B. die italienische *trace italienne.*

RITTERDIENST

Gleichzeitig gab es Veränderungen in der philosophischen, religiösen und kulturellen Tradition des Ritterstandes. Ungeachtet dem Auseinanderbrechen des Feudalsystems gab es weiterhin Ritterromane, aber sie wirkten in einem anderen Kontext.

Das Wachsen von Nationalgefühlen hatte tiefgreifende Auswirkungen. Die religiösen Bruderschaften des Ritterstandes, in denen die erste Pflicht eines Ritters religiös begründet war und er Christus und der Bruderschaft Loyalität schwor, wurden durch säkulare Bruderschaften ersetzt, z. B. den englischen Hosenbandorden oder den des Sterns in Frankreich. Die Mitglieder schworen ihrem König Loyalität. Das traditionelle Ritterideal einer internationalen Elite von Rittern wurde abgelöst von Rittern, die ihrem Souverän dienten und Nationalgefühl besaßen. Man machte fortan verstärkt Unterschiede beim Rang. Es gab Ritter, die Mitglied in einer Bruderschaft waren, in denen ein einfacher Krieger seiner Leistung wegen auf dem Schlachtfeld zum Ritter geschlagen werden konnte.

Eine andere Veränderung betraf die Religion. Der Anstieg des Protestantismus wurde mit Patriotismus und Nationalgefühl assoziiert, und er trug dazu bei, das Ideal von einer internationalen christlichen Ritter-Bruderschaft zu untergraben. Die humanistische Philosophie der Renaissance lief dem religiösen Überschwang der ehemaligen Kreuzritter zuwider.

POMP UND PRACHT

Turniere hatten einst eine wichtige Rolle als martialisches Trainingsinstrument erfüllt, und sie stellten einem Mann von bescheidener Abstammung eine Arena zur Verfü-

▼ *Baldassare Castiglione (1478–1529), Autor von „The Courtier", wurde mit höfischer Etikette in die Welt der Adligen eingeführt. Dieses Porträt malte sein Freund Raffael, als Castiglione in Rom weilte.*

gung, zu Ehren zu kommen und in Kreise des Adels oder des Königtums aufzusteigen. In der veränderten Welt des 15. und 16. Jh. waren Turniere aufwendige Spektakel, auf denen Etikette und Heldenmut zur Schau gestellt wurde. Der Kampf als solcher war unwichtig geworden.

Im 13. und 14. Jh. hielten einfache Edelleute ihre eigenen Turniere ab, aber die extravaganten Events der nächsten beiden Jahrhunderte betonten die Vormachtstellung eines Prinzen. Turniere wurden mehr und mehr Historienspiele, die von königlichen Patronen finanziert wurden, um damit ihre eigene Herrlichkeit zur Schau zu stellen. Ritterlichkeit war nicht mehr ein „Way of life", sondern degradierte zu reiner Unterhaltung.

In dieser Zeit war aus dem Ritterroman, der die Philosophie des Rittertums gestützt und gefördert hatte, nur noch eine blasse literarische Form geworden. Autoren unter dem Einfluss der Renaissance wendeten sich klassischen Modellen zu. Turniere gaben das Modell von König Artur und seinen Rittern auf und legten ihren Spektakeln Krieger der klassischen Antike zugrunde.

ZUVORKOMMENHEIT UND DER EDELMANN

Die Handbücher über das Rittertum, die einst so beliebt waren, machten denen über Höflichkeit Platz. Diese Bücher lehrten nicht, wie ein Ritter sein sollte, sondern wie sich ein Edelmann verhielt. Ein frühes Beispiel ist *Il Cortegiano* (der Höfling), das der italienische Höfling und Diplomat Baldassare Castiglione zwischen 1513 und 1518 schrieb. Aufgebaut als Diskussion zwischen Höflingen am Hof von Urbino im Jahr 1507. Der Leser erfährt, wie man sich würdevoll verhält; er liest davon, dass Bescheidenheit einer Dame bei Hof gut zu Gesicht steht; er erfährt, wie ein Höfling Schmeichelei bei seinem Prinzen vermeidet und welche Art Humor und Liebe in allerlei Situationen ehrenhaft ist.

◄ Eduard III. überträgt den Hosenbandorden auf Eduard, den Schwarzen Prinzen. Die Schaffung säkularer Brüderschaften war unvereinbar mit dem Geist der Ergebenheit, der die Mitglieder religiöser Bruderschaften, wie Templer und Johanniter, inspirierte.

Der Idealismus der Ritterliteratur fehlte in *The Courtier* und in ähnlichen Büchern über Höflichkeit ganz. Im Vordergrund standen jetzt die Präsentation, die Erscheinung und die Reputation; Tugenden wie Bescheidenheit und Tapferkeit, die für Ritter wichtig waren, spielten keine Rolle mehr. Zusätzlich wurde die Leidenschaft der höfischen Liebe verbannt. Von einem Höfling erwartete man, dass er seinem Prinzen Bewunderung entgegenbrachte.

Der Edelmann ersetzte das Ideal des Ritters. Er war eher eine gesellschaftliche denn eine kriegerische Figur. Wie wurde man ein Edelmann? Durch edle Geburt. Es reichte, seine Abstammung drei Generationen zurückzuverfolgen. Ende des 16. Jh. wurde die Bezeichnung *Ritter* ein Titel, der einen sozialen Rang bedeutete.

▼ Der flämische Künstler Marcus Gheeraerts der Ältere gravierte die Ritterprozession der Hosenband-Mitglieder im Jahr 1576 und fing gekonnt den exklusiven Geist ein, der die Bruderschaft von Anfang an bestimmte.

EWIGE RITTER-ROMANTIK

REVIVAL DES RITTERTUMS

Das Rittertum bewahrte in der langen Zeit des Feudalsystems und noch im Niedergang seine Romantik. Im 16. und 17. Jh. und auch später warfen Prinzen und Edelleute wehmütig einen Blick zurück in die glorreiche Zeit der Ritter. Gelegentlich versuchten wohlhabende Herren sogar – und das auch noch im 19. Jh. – die Turniere wiederzubeleben.

TUDOR-TURNIERE

Auch in England träumten die Monarchen der späten Tudorzeit noch vom goldenen Ritterzeitalter. Alles rund um das Rittertum hatte eine große Anziehungskraft auf sie – insbesondere auf König Heinrich VIII., ein Förderer von Turnieren, an denen er selbst auch teilnahm. Heinrich konzipierte speziell für derartige Wettkämpfe seine eigene Rüstung. Er ließ Turnierplätze in Greenwich, angrenzend an den Whitehall Palace (in Westminster) und am Hampton Court Palace (Teil Südwestlondons) errichten.

König Franz I. von Frankreich und seine Begeisterung für Turniere stand der Heinrichs in keinster Weise nach. Ihr diplomatisches Treffen vom 7. bis zum 24. Juni 1520 bei Calais wurde von einer außergewöhnlich aufwendigen Show der ritterlichen Künste begleitet. In Einklang mit den *Pas d'armes* des 15. Jh., dem die Könige nacheiferten, war das extravagante Ereignis bei Calais besonders gut organisiert.

Die beiden Könige und ihre Gefolge, etwa 5000 Menschen, kampierten in Zelten und Pavillons, die mit goldenem Tuch geschmückt waren (Stoff mit Goldfäden und Seide) – aus diesem Grund bekam das Ereignis im Volksmund den Namen „das Feld des goldenen Tuches". Heinrichs Camp glich einem Palast – die Holzrahmen waren mit Segeltuch und buntem Tuch bespannt – und war etwa 10.000 m^2 groß. Vor Heinrichs Zelt befand sich ein vergoldeter Brunnenspeier mit Wein und Wasser.

Jeder König wurde von sieben Rittern begleitet, zusätzlich zu denen, die das Ereignis ankündigten und an den Turnieren teilnahmen. Erst kämpften die beiden Könige im Lanzenstechen gegeneinander und dann jeweils gegen die Ritter der Gegenseite. Über 300 Speere gingen entzwei, und ein französischer Ritter wurde getötet. Nach dem Lanzenstechen gab es eine Art Turnier, allerdings nicht in der traditionellen *Mêlée*, sondern die Ritter traten paarweise an. Darüber hinaus gab es Wettkämpfe im Bogenschießen, und die beiden Könige sollen angeblich um einige wenige Würfe gerungen haben. Könige und ihre Ritter waren prachtvoll gekleidet, ein Versuch, das goldene Zeitalter des Rittertums wieder aufleben zu lassen.

THRONBESTEIGUNG

Heinrichs Tochter Elisabeth führte die Wiederbelebungsversuche fort. Am 17. November jeden Jahres von 1570 bis 1590 feierte sie den Geburtstag ihrer Thronbesteigung mit einem Fest am Whitehall Palace. Die Ereignisse waren Teil einer überlegten, offiziellen Mythologisierung ihrer Herrschaft als göttliche Regierung, und sie hatten zum

▼ *Auf dem Feld des Goldenen Tuches ließen die Könige Franz I. und Heinrich VIII. 1520 vorübergehend große Gebäude und einen großartigen Turnierplatz errichten.*

▲ *Elisabeth I. von England teilte den Enthusiasmus ihres Vaters für das Zeitalter der Ritter.*

Ziel, einige der farbenfrohen und beliebten Feste der katholischen Kirche, die Elisabeth als Protestantin nicht mehr beging, zu ersetzen. Der Champion Henry Lee war einer ihrer Favoriten. Er ritt in ihrem Namen auf den Turnierplatz, den Heinrich VIII. am Königspalast von Whitehall hatte anlegen lassen. Derweil saßen die Königin und ihr Gefolge an einem erhöhten Palastfenster, um sich von oben die ritterlichen Leistungen anzusehen – wie einst im Mittelalter die feinen Damen.

Noch zu Beginn der Stuart-Ära im frühen 17. Jh. dauerte die Begeisterung für das Ritterzeitalter an. Der Sohn von König Jakob I., Heinrich, Prinz von Wales, war ein kühner Lanzenstecher. Doch er starb bereits 1612 mit 18 Jahren an Typhus. Danach konzentrierte sich das Interesse an ritterlichen Traditionen auf die Maskenspiele von Ben Jonson und Inigo Jones.

DAS KARUSSELL

Auf dem europäischen Festland blieben turnierartige Veranstaltungen in Mode. Lanzenstechen und Turnieren gingen dem Ende zu, als die Bühnen für die Zurschaustellung des reiterlichen Könnens geöffnet wurden – eine Manege für die „Karussells". Die Ritter trugen nachgemachte Rüstungen. Das Ziel war, die Prächtigkeit des Sponsors zu reflektieren. Diese Karussells ebneten den Militärparaden den Weg.

▲ *Archibald Montgomerie, 13. Graf von Eglington, ließ sich für das Turnier 1839 eine autenthische Rüstung anfertigen.*

VIKTORIANISCHE ÄRA

Großartige Revivals ritterlicher Turniere gab es bis 1839, als der 13. Graf von Eglington ein Turnier mit Lanzenstechen in der Burg Eglington in Ayrshire veranstaltete. Viele adlige Gäste waren zugegen. Die Gäste trugen mittelalterliche Kostüme und sahen aus wie bezahlte Ritter – als Hommage an Lady Georgiana Sheridan, die Ehefrau des Herzogs von Somerset, wurde dieses Event *Queen of Beauty* genannt. Das Event fiel allerdings wegen eines Sturms von Schottland mehr oder weniger ins Wasser; der Turnierplatz glich einem Schlammbad. Zwei Jahre Planung, mehr als 40.000 Pfund Kosten – das Leben eines Ritters war noch nie billig.

DER IDEALE RITTER

Bis ins 21. Jh. hat der Ritter viel von seinem Glanz als Edelmann und Krieger bewahren können, ein idealisierter Ausdruck persönlicher Ehre, respektvoller Ergebenheit und religiöser Glut. Seine andauernde Anziehungskraft liegt größtenteils in seiner Rolle in der Ritterliteratur begründet– mit ihren nach wie vor beliebten Erzählungen, voller Spannung und Dramatik, und ihrem berührenden, elegischen Ton.

REGISTER

▼ *Pembroke Castle, Wales.*

▲ *Mittelalterliches Turnier.*

▲ *Mittelalterlicher Tjost.*

▼ *König Arturs Heimkehr.*

▲ *Lancelot und Guinevere.*

▼ *Burg mit Vasallen.*